A expulsão do outro

**Dados Internacionais de Catalogação na Publicação (CIP)
(Câmara Brasileira do Livro, SP, Brasil)**

Han, Byung-Chul
  A expulsão do outro : sociedade, percepção e
comunicação hoje / Byung-Chul Han ;
tradução de Lucas Machado – Petrópolis, RJ :
Vozes, 2022.

  Título original: Die Austreibung des Anderen

  5ª reimpressão, 2024.

  ISBN 978-65-5713-350-7

  1. Filosofia 2. Sociedade I. Título.

21-81542   CDD-100

Índices para catálogo sistemático:
1. Filosofia   1000

Aline Graziele Benitez – Bibliotecária – CRB-1/3129

BYUNG-CHUL HAN
A expulsão do outro
Sociedade, percepção e
comunicação hoje

Tradução de Lucas Machado

EDITORA
VOZES

Petrópolis

© 2016, Matthes & Seitz Berlin Verlagsgesellschaft mnH.

Tradução do original em alemão intitulado
Die Austreibung des Anderen – Gesellschaft, Wahrnehmung und Kommunikation heute

Direitos de publicação em língua portuguesa – Brasil:
2022, Editora Vozes Ltda.
Rua Frei Luís, 100
25689-900 Petrópolis, RJ
www.vozes.com.br
Brasil

Todos os direitos reservados. Nenhuma parte desta obra poderá ser reproduzida ou transmitida por qualquer forma e/ou quaisquer meios (eletrônico ou mecânico, incluindo fotocópia e gravação) ou arquivada em qualquer sistema ou banco de dados sem permissão escrita da editora.

CONSELHO EDITORIAL

Diretor
Volney J. Berkenbrock

Editores
Aline dos Santos Carneiro
Edrian Josué Pasini
Marilac Loraine Oleniki
Welder Lancieri Marchini

Conselheiros
Elói Dionísio Piva
Francisco Morás
Gilberto Gonçalves Garcia
Ludovico Garmus
Teobaldo Heidemann

Secretário executivo
Leonardo A.R.T. dos Santos

PRODUÇÃO EDITORIAL

Aline L.R. de Barros
Jailson Scota
Marcelo Telles
Mirela de Oliveira
Natália França
Otaviano M. Cunha
Priscilla A.F. Alves
Rafael de Oliveira
Samuel Rezende
Vanessa Luz
Verônica M. Guedes

Editoração: Maria da Conceição B. de Sousa
Diagramação: Daniela Alessandra Eid
Revisão gráfica: Anna Carolina Guimarães
Capa: Pierre Fauchau
Adaptação de capa: Editora Vozes

ISBN 978-65-5713-350-7 (Brasil)
ISBN 978-3-10-397212-2 (Alemanha)

Este livro foi composto e impresso pela Editora Vozes Ltda.

Sumário

Terror do igual, 7
Violência do global e terrorismo, 23
Terror da autenticidade, 37
Angústia, 49
Limiares, 61
Alienação, 65
Contracorpo, 71
Olhar, 77
Voz, 87
Linguagem do outro, 103
O pensamento do outro, 115
Escutar, 123

Terror do igual

O tempo no qual havia o *outro* passou. Desaparece o outro como mistério, o outro como sedução, o outro como Eros, o outro como desejo, o outro como inferno, o outro como dor. A negatividade do outro dá lugar, hoje, à positividade do igual. A proliferação do igual constitui as transformações patológicas que afligem o corpo social. Não privação e proibição, mas sobrecomunicação e sobreconsumo, não repressão e negação, mas permissividade e afirmação o adoecem. Não a repressão, mas a depressão é o patológico sinal dos tempos de hoje. A depressão destrutiva não vem do outro, mas de dentro.

A depressão como pressão interna desenvolve traços agressivos. O sujeito de desempenho depressivo é, por assim dizer, morto à pancada ou sufocado pelo si. Não é apenas a violência do outro que é destrutiva. A expulsão do outro põe em curso um processo de destruição inteiramente diferente; a saber, a *autodestruição*. Vale universalmente a dialética da violência: *um sistema que recusa a negatividade do outro desenvolve traços autodestrutivos.*

A violência do igual é, por causa de sua positividade, invisível. A proliferação do igual se apresenta como crescimento. A partir de um determinado ponto, porém, a produção não é mais produtiva, mas destrutiva; a informação não é mais informativa, mas deformadora; a comunicação não é mais comunicativa, mas meramente cumulativa.

A própria percepção toma, hoje, a forma do *Binge Watching*, do *Komaglozen* [assistir sem parar]. Ele caracteriza o consumo de vídeos e filmes sem nenhuma limitação temporal. São oferecidos aos consumidores aqueles filmes e séries que correspondem ao seu gosto, que eles, portanto, *curtem*. Eles são, como gado de consumo, engordados com o sempre novo igual. O *Komaglozen* pode ser generalizado como o modo de percepção atual. A proliferação do igual não é apenas cancerígena, mas comatosa. Ela não esbarra em nenhuma defesa imunológica. Assiste-se até se chegar à inconsciência.

A negatividade do outro é responsável pela infecção que penetra no mesmo e leva à formação de anticorpos. O infarto, em contrapartida, vem do excesso do igual, da obesidade do sistema. Ele não é infeccioso, mas adiposo. Não se formam anticorpos contra a gordura. Nenhuma defesa imunológica pode impedir a proliferação do igual.

A negatividade do *outro* dá figura e medida ao *mesmo*. Sem ela, se chega à proliferação do igual. O mesmo [*Selbe*] não é idêntico ao igual [*Gleichen*]. O mesmo sempre surge pareado com o outro. Ao igual, em contrapartida, falta a contraparte dialética que o limitaria e o daria forma. Assim, ele prolifera em uma massa sem forma. O mesmo tem uma forma, um recolhimento interior, uma interioridade que ele deve à *distinção em relação ao outro*. O igual é, em contrapartida, sem forma. Já que falta a ele a tensão dialética, surge um indiferente um ao lado do outro, uma massa vicejante do indistinguível: "O mesmo só se deixa dizer quando a distinção é pensada. Na entrega da distinção, a essência reunidora do mesmo vem à luz. O mesmo bane toda diligência em querer nivelar o distinto apenas no igual. O mesmo reúne o distinto em uma união originária. O igual, em contrapartida, se dispersa na unidade insípida do um apenas uniforme"[1].

O terror do igual abrange, hoje, todas as esferas da vida. Viaja-se [*Man fährt*] para todos os lugares, sem se ter uma *experiência* [*Erfahrung*]. Tornamo-nos familiares [*Man nimmt Kenntnis*] com tudo, sem chegarmos a um conhecimento [*Erkenntnis*]. Acumulam-se informações e dados, sem se chegar a um *saber*. Cobiçam-se vivências e estímulos, nos quais, porém, se permanece *sempre igual a si mesmo*. Acumulam-se *Friends* e *Followers*, sem nunca se encontrar com o outro. Mídias sociais representam um estágio de atrofia do social.

A conexão digital total e a comunicação total não facilitam o encontro com o outro. Elas servem, antes, para passar direto pelo es-

---

1. HEIDEGGER, M. *Vorträge und Aufsätze* [Conferências e artigos]. Pfullingen, 1954, p. 187.

tranho e pelo outro e encontrar o igual e o de igual inclinação, e cuidam para que o nosso horizonte de experiência se torne cada vez mais estreito. Elas nos emaranham em uma *fita do eu* e nos levam, por fim, a uma "autopropaganda que nos doutrina com nossas próprias ideias"[2].

A negatividade do outro e da metamorfose [*Verwandlung*] constitui a experiência em sentido enfático. Ter uma experiência significa "que ela sucede conosco, que ela nos atinge, abate-se sobre nós, nos derruba e nos transforma"[3]. A sua essência é a *dor*. O igual, porém, não dói. A dor dá lugar, hoje, ao "curtir", que propaga o igual.

A informação está simplesmente disponível. O saber no sentido enfático, em contrapartida, é um processo mais lento, mais longo. Ele aponta para uma outra temporalidade. Ele *amadurece*. O *amadurecer* é uma temporalida-

---

2. PARISER, E. *Filter Bubble* – Wie wir im Internet entmündigt werden [Bolha de filtros – Como nos interditamos na internet]. Munique, 2012, p. 22.

3. HEIDEGGER, M. *Unterwegs zur Sprache* [A caminho da linguagem]. Pfullingen, 1959, p. 159.

de que é cada vez mais perdida para nós hoje. Ele não é compatível com a política do tempo atual, que fragmenta o tempo para o aumento da eficiência e da produtividade e suprime estruturas temporais estáveis.

Mesmo a maior coleção de informação, *Big Data*, dispõe de muito pouco saber. Por meio do *Big Data* se descobrem correlações. As correlações dizem: se A ocorre, também ocorre, frequentemente, B. *Por que* é assim, [isso] não se *sabe*. A correlação é a forma de saber mais primitiva, que não está nem em condições de descobrir a relação causal, ou seja, a relação de causa e efeito. *É assim*. A pergunta pelo por que é supérflua aqui. Nada é, então, *compreendido* [*begriffen*]. Saber, porém, é compreender [*Begreifen*]. Assim, o Big Data torna o pensamento superficial. Entregamo-nos sem pensar ao assim-é.

O pensamento tem acesso ao inteiramente outro. Ele pode interromper o igual. Nisso consiste o seu caráter de acontecimento. O cálculo, em contrapartida, é uma repetição sem fim do igual. Em oposição ao pensamento, ele não pode produzir nenhuma condição nova.

Ele é *cego ao acontecimento* [*Ereignisblind*]. Um pensamento efetivo é, em contrapartida, da qualidade de um acontecimento [*ereignishaft*]. Em francês, digital se diz *numérique* [numérico]. O numérico torna tudo contável e comparável. Assim, ele perpetua o igual. Também o conhecimento no sentido enfático é transformador. Ele produz um novo estado de consciência. A sua estrutura se equipara à de uma redenção. A redenção faz mais do que trazer a solução de um problema. Ela põe o carente de redenção em um estado de ser inteiramente diferente.

Em seu escrito *Amor e conhecimento*, Max Scheler aponta para o fato de que Agostinho atribui às plantas, "de modo estranho e misterioso", uma demanda por "serem vistas pelo ser humano, como se ocorresse com elas, por meio do conhecimento, conduzido pelo amor, de seu ser, um análogo da redenção"[4]. Se uma flor tivesse em si uma abundância de ser, ela não teria a necessidade de ser vista. Ela tem,

---

4. SCHELER, M. *Liebe und Erkenntnis* [Amor e conhecimento]. Berna, 1970, p. 28.

portanto, uma falta, uma falta de ser. O olhar amoroso, o "conhecimento conduzido pelo amor" a *redime* do estado de falta. Assim, ele é um "análogo da redenção". *Conhecimento é redenção*. Ele tem uma relação amorosa com o seu objeto como com o *outro*. Nisso, ele se distingue da mera familiaridade [*Kenntnis*] ou informação, a que falta inteiramente a dimensão do outro.

Inere ao acontecimento uma negatividade, pois ele produz uma nova relação à realidade, um novo mundo, uma nova compreensão daquilo que *é*. Ele faz com que tudo apareça repentinamente sob uma nova luz. O "esquecimento do ser" de Heidegger não significa nada senão essa *cegueira para o acontecimento*. Heidegger diria que, hoje, o barulho da comunicação, o *rebuliço digital* de dados e informações nos torna surdos à silenciosa vibração da verdade, à sua *força* [*Gewalt*] silenciosa: "Uma vibração: é a verdade / ela mesma emergida entre os homens, / em meio ao rebuliço de metáforas"[5].

---

5. CELAN, P. *Gesammelte Werke in sieben Bänden* [Obras completas em sete volumes]. Vol. 2. Frankfurt am Main, 2000, p. 89.

Os primórdios da revolução digital eram dominados sobretudo por projetos utópicos. Flusser, por exemplo, elevou a conexão digital à técnica de amor ao próximo. Ser-humano [*Mensch-Sein*] significa, desse modo, ser conectado com outros. A conexão digital deve tornar possível uma experiência especial de ressonância. Tudo vibra conjuntamente. "A rede vibra, ela é um *pathos*, ela é uma ressonância. Esse é o fundamento da telemática, essa simpatia e antipatia da proximidade. Penso que a telemática é uma técnica de amor ao próximo, uma técnica para a realização do judaico-cristianismo. A telemática tem a empatia como base. Ela aniquila o humanismo em favor do altruísmo. O mero fato de que exista essa possibilidade já é algo inteiramente colossal"[6]. A rede se transforma, hoje, em um campo de ressonância especial, em uma câmara de eco, da qual é eliminada toda alteridade, toda estranheza. A ressonância real pressupõe uma *proximidade* do outro. Hoje, a proximida-

---

6. FLUSSER, V. *Kommunikologie weiter denken* – Die Bochumer Vorlesungen [Continuar pensando a comunicalogia – As preleções de Bochum]. Frankfurt am Main 2009, p. 251.

de do outro dá lugar à ausência de distanciamento do igual. A comunicação global permite apenas iguais outros ou outros iguais.

Está inscrita na proximidade, como sua contraparte dialética, a distância. A eliminação da distância não produz mais proximidade, mas a destrói. Em lugar da proximidade surge uma completa ausência de distância. Proximidade e distância estão imbricadas uma na outra. Uma tensão dialética as mantém unidas. Ela consiste em que as coisas são animadas justamente por seu oposto, pelo outro de si mesmas. Falta, a uma mera positividade, como ausência de distância, essa força animadora. A proximidade e a distância se medeiam dialeticamente como o mesmo [*das Selbe*] e o outro [*das Andere*]. Assim, nem a ausência de distância nem o igual são vivazes.

A ausência de distância digital elimina todas as formas de jogo entre proximidade e distância. Tudo é igualmente próximo e igualmente distante: "Rastro e aura. O rastro é o fenômeno de uma proximidade, não importa o quão distante esteja o que ele deixa para trás. A aura é o fenômeno de uma distância, não importa o quão perto esteja aquilo que ela evoca"[7]. Inere à aura a negatividade do outro, do estranho, do enigma. A sociedade da transparência digital desauraliza, desmistifica o mundo. Sobre-proximidade e sobre-exposição, como o efeito imagético geral do pornô, destroem toda distância aural, que também constitui o erótico.

No pornô, todos os corpos se equivalem. Eles também se decompõem em partes iguais do corpo. Furtado de toda linguagem, o corpo é reduzido ao sexual que, com exceção da diferença sexual, não conhece distinção alguma. O corpo pornográfico não é mais um cenário, um "palco suntuoso", uma "superfície fabulosa" "na qual se inscrevem sonhos e divindades"[8]. Ele não narra nada. Ele não seduz. O pornô produz uma desnarrativização e deslinguistificação, não apenas do corpo, mas também da comunicação em geral. Nisso consiste

---

7. BENJAMIN, W. Das Passagen-Werk [As obras de passagem]. In: *Gesammelte Schriften* [Obras completas]. Vol. 1. Frankfurt am Main, 1998, p. 560.

8. BAUDRILLARD, J. *Das Andere selbst* [O outro mesmo] – Habilitation. Viena, 1987, p. 39.

a sua obscenidade. Não é possível *jogar* com a carne nua. O jogo precisa de uma *aparência* [*Scheins*], de uma *inverdade*. A verdade nua e pornográfica não permite nenhum jogo, nenhuma sedução. Também a sexualidade como desempenho reprime toda forma de jogo. Ela se torna inteiramente maquinal. O imperativo neoliberal do desempenho, *sexyness* e *fitness* nivela o corpo, por fim, a um objeto funcional que deve ser otimizado.

A proliferação do igual é uma "plenitude na qual transluz ainda apenas o vazio"[9]. A expulsão do outro traz um *vazio adiposo da plenitude*. Obscenos são a hipervisibilidade, a hipercomunicação, a hiperprodução, o hiperconsumo, que levam a uma rápida estagnação do igual. Obscena é a "ligação do igual com o igual"[10]. A sedução é, em contrapartida, a "capacidade de arrancar o igual do igual", deixá-lo fugir de si mesmo[11]. O sujeito da sedução é o

---

9. BAUDRILLARD, J. *Die fatalen Strategien* [As estratégias fatais]. Munique, 1991, p. 65.

10. Ibid., p. 60.

11. Ibid., p. 61.

outro. O seu modo [de ser] é o *jogo* como contramodo do desempenho e da produção. Hoje, mesmo o jogo é transformado em uma forma de *produção*. O trabalho é, a saber, *gamificado*.

A animação de Charlie Kaufmann, *Anomalisa*, retrata impiedosamente o atual inferno do igual. O filme poderia também se chamar *Nostalgia pelo outro* ou *Apologia do amor*. No inferno do igual não é possível nenhum *desejo pelo outro*. O protagonista, Michael Stone, é um *coach* e um autor. O seu título de sucesso se chama *How Can I Help you Help Them?* [Como posso te ajudar a ajudá-los?], um típico livro de autoajuda do mundo neoliberal. Seu livro é celebrado por todo lugar, pois ele aumenta consideravelmente a produtividade. Apesar de seu sucesso, ele entra em uma severa crise existencial. Ele parece sozinho, perdido, entediado, desiludido, desorientado na sociedade esvaziada de sentido, monótona, planificada, do consumo e do desempenho. Aqui, as pessoas têm todas o mesmo rosto e falam com a mesma voz. A voz do motorista de táxi, da garçonete ou do gerente do hotel é idêntica à voz de sua mulher ou de sua ex-amante. O rosto de uma criança não se distingue do de um adulto. Clones povoam o mundo no qual, paradoxalmente, todos querem ser diferentes de todos os outros.

Michael vai a Cincinnati para uma palestra. No hotel, ele ouve uma voz feminina que soa inteiramente diferente. Ele bate na porta atrás da qual ele imagina que ela se encontre. Ele a encontra. Para a sua surpresa, ela o conhece. Ela veio a Cincinnati para ouvir a sua palestra. Ela se chama Lisa. Ela não apenas tem outra voz, mas também um outro rosto. Ela, porém, se acha feia, uma vez que ela foge ao rosto unitário otimizado. Ela também é rechonchuda e tem uma cicatriz no nariz, que ela tenta esconder atrás dos cabelos. Mas Michael se apaixona por ela, por sua voz diferente, por sua alteridade, por sua anomalia. Em um delírio de amor, ele a chama de Anomalisa. Eles passam a noite junto. Em um pesadelo, Michael é seguido por empregados de hotel que têm todos exatamente a mesma aparência e querem fazer sexo com ele. Ele atravessa o inferno do igual.

No café da manhã com Lisa, a voz dela se assemelha cada vez mais, para o seu pavor, à voz unitária. Ele volta para a casa. O deserto do igual está em toda parte. Sua família e seus amigos o recebem. Ele, porém, não consegue distingui-los uns dos outros. Todos são iguais entre si. Completamente desnorteado, ele se senta de frente para uma antiga boneca sexual japonesa que ele comprou para o seu filho em um *sex shop*. Ela tem uma boca muito aberta, pronta para a felação.

Na última cena, Lisa reafirma seu amor a Michael como se ele fosse de outro mundo, um mundo que parece ser livre do feitiço do igual e que restaura a cada um a sua própria voz, o seu próprio rosto. Lisa explica de maneira inteiramente casual que Anomalisa significa *Deusa do Céu* em japonês. Anomalisa é o outro pura e simplesmente, que nos redime do inferno do igual. Ela é o *outro como Eros*.

Naquele inferno do igual, todas as pessoas não são mais do que marionetes controladas a distância. Por isso, faz sentido que o filme não seja gravado com atores verdadeiros, mas com marionetes. As fendas no seu rosto permitem que Michael tenha uma ideia de que ele é apenas uma marionete. Nessa cena, uma parte do seu rosto cai. Ele segura a parte da boca caída em sua mão, e essa parte tagarela automaticamente algo. Ele se assusta com o fato de que ele é uma marionete. A frase de Büchner "Marionetes somos nós, conduzidas por meio de fios por forças desconhecidas; não nós mesmos, em nada nós mesmos!", poderia muito bem servir como lema desse filme.

Violência do global e terrorismo

Inere à globalização uma violência que faz de tudo cambiável, comparável e, assim, igual. O *equi*-parar [*Ver-Gleichen*] leva, em última instância, a um esvaziamento do sentido. O sentido é algo incomparável [*Unvergleichbares*]. Apenas o monetário não promove nem sentido, nem identidade. A violência do global como violência do igual aniquila a negatividade do outro, do singular, do incomparável, que prejudica a circulação de informação, comunicação e capital. Justo lá, onde o igual esbarra no igual, ela alcança a velocidade máxima.

A violência do global, que aplaina tudo no igual e erige um inferno do igual, produz uma contraforça destrutiva. Já Jean Baudrillard apontou para o fato de que a loucura da globalização produz terroristas como insanos. De modo correspondente, a prisão de Guantânamo corresponderia aos hospícios e prisões daquela sociedade disciplinar que, por sua vez, produz delinquentes e psicopatas.

Com o terrorismo, ocorreu algo que aponta, para além da intenção imediata dos agentes [envolvidos], para falhas sistêmicas. Não é o religioso em si que leva o ser humano ao terrorismo. Antes, é a resistência do singular contra a violência do global. A defesa contra o terror, que se relaciona a certas religiões e grupos de pessoas, é, por isso, uma ação compensatória sem esperanças. Também a evocação do inimigo oculta o verdadeiro problema, que tem uma causa sistêmica. É o terror do próprio global que produz o terrorismo.

A violência do global bane todas as singularidades que não se deixam submeter à troca universal. O terrorismo é o terror do singular contra o terror do global. A morte, que se furta a toda troca, é o singular pura e simplesmente. Com o terrorismo, ela irrompe brutalmente no sistema em que a vida se totalizou como produção e desempenho. A morte é o fim da produção. A glorificação da morte por parte dos terroristas e a atual histeria da saúde, que busca prolongar a todo o custo a vida como mera vida, condicionam-se reciprocamente. Nesse contexto sistêmico chama atenção o lema da al-Qaeda: "Vocês amam a vida, nós amamos a morte".

Jean Baudrillard aponta para a particularidade arquitetônica das torres gêmeas, que, já em 1993, foram alvo dos ataques terroristas islâmicos. Enquanto os prédios do Centro Rockfeller espelham o céu em suas fachadas de espelho e de metal, as torres gêmeas não tinham qualquer referência externa, nenhuma referência ao outro. Ambas as torres, que se igualavam e espelhavam uma à outra, constituíam um sistema fechado em si mesmo. Assim, elas impunham o *igual* com total exclusão do outro. O ataque terrorista introduziu um rasgo nesse global *sistema do igual*.

O nacionalismo que hoje cresce novamente, a nova direita ou os movimentos identitários são, igualmente, reflexos da dominação do global. Por isso, não é por acaso que os defensores da nova direita não são apenas hostis a estrangeiros, mas também críticos do capitalismo. Tanto o elogio nacional-romântico como também o terrorismo islâmico seguem o mesmo esquema de reação em vista do global.

O neoliberalismo produz uma injustiça massiva no âmbito global. Exploração e exclusão são constitutivos dele. Ele erige um *banóptico* que identifica como indesejável e exclui pessoas hostis ao sistema ou inaptas para ele. O panóptico serve ao disciplinamento, enquanto o banóptico à segurança. Mesmo no interior de zonas de bem-estar ocidentais, o neoliberalismo acentua a desigualdade social. Ele elimina, em última instância, a economia social de mercado. Já o inventor do conceito "neoliberalismo", Alexander Rüstow, constata que a sociedade, entregue inteiramente à lei de mercado neoliberal, torna-se mais desumana e produz carências [*Verwerfungen*] sociais. Por isso, ele indica que o neoliberalismo tem de ser complementado por uma "política vital" que estimule a solidariedade e o sentido [para o] comum. Sem essa correção vital-política do neoliberalismo, surge uma massa insegura e conduzida pelo medo, que se deixa facilmente ser cooptada por forças nacionalistas e populistas. O medo do próprio futuro se inverte, aqui, em uma hostilidade a estrangeiros. O medo se manifesta não apenas como ódio a estrangeiros, mas também como ódio a si. Sociedade do medo e sociedade do ódio se condicionam reciprocamente.

As inseguranças sociais, pareadas com a ausência de esperança e de perspectiva, constituem, ao mesmo tempo, também um solo fértil para forças terroristas. O sistema neoliberal cria, justamente, esses elementos destrutivos, opostos apenas à primeira vista. O terrorista islâmico e o nacionalista populista não são, na verdade, inimigos, mas irmanados, pois compartilham a mesma genealogia.

O dinheiro é um mediador ruim da identidade. Ele pode, porém, substituí-la, pois o dinheiro fornece a quem o possui ao menos um sentido de segurança e tranquilidade. Quem, em contrapartida, nem ao menos tem dinheiro, não tem nada, nem identidade, nem segurança. Assim, ele se entrega, forçado pela necessidade, ao imaginário, por exemplo ao populista, que rapidamente fornece uma identidade. Nisso, ele cria para si um *inimigo*, por exemplo, o Islã. Por meio de canais imaginários são erigidas, então, imunidades, a fim de chegar a uma identidade que confira sentido. O *medo por si mesmo* faz despertar inconscientemente um anseio pelo inimigo. O inimigo é, também em forma imaginária, um fornecedor mais rápido de identidade: "O inimigo é nossa própria pergunta como figura. Por essa razão, preciso me confrontar combativamente com ele para obter a [minha] própria medida, o [meu] próprio limite, a [minha] própria figura"[12]. O imaginário compensa a falta na realidade. Também terroristas habitam o imaginário. O global faz com que surjam espaços imaginários que causam uma violência real.

A violência do global enfraquece, ao mesmo tempo, a defesa imunológica, pois ela prejudica a aceleração da circulação global de informação e capital. Justo lá, onde as ondas imunológicas são muito baixas, o capital flui mais rápido. No interior da ordem global atualmente dominante, que totaliza o igual, há, na verdade, apenas *outros iguais* ou *iguais*

---

12. SCHMITT, C. *Theorie des Partisanen* – Zwischenbemerkung zum Begriff des Politischen [Teoria do guerrilheiro – Observações de passagem sobre o conceito do político]. Berlim, 1963, p. 87s.

outros. Fantasias por outros não despertam nas novas fronteiras erguidas. Elas são sem fala. Também imigrantes e refugiados não são, na realidade, nenhum *outro*, nenhum *estrangeiro*, com os quais se sentiria uma ameaça real, um medo real. Essa ameaça existe apenas ainda no imaginário. Imigrantes e refugiados são sentidos como um fardo. Vale em relação a eles, como possíveis vizinhos, ressentimento e inveja, que, em oposição ao temor, medo e repulsa, não são verdadeiras reações imunológicas. A massa hostil a estrangeiros é, de fato, contra norte-africanos, mas faz um pacote de férias entre eles.

A violência do global é, para Baudrillard, cancerígena. Ela se espalha como "células cancerígenas", por meio da proliferação sem fim, da excrescência e da metástase"[13]. Ele explica o global com o modelo imunológico: "Não é por acaso que se fala tanto de imunidade, anticorpos, implantar e expectorar"[14]. A violência

---

13. BAUDRILLARD, J. *Der Geist des Terrorismus* [O espírito do terrorismo]. Viena, 2002, p. 54.
14. BAUDRILLARD, J. *Transparenz des Bösen* – Ein Essay über extreme Phänomene [Transparência do mal – Um ensaio sobre fenômenos extremos]. Berlim, 1992, p. 86.

do global é uma "violência viral, aquela [violência] das redes e do virtual"[15]. A virtualidade é viral. É problemática essa descrição imunológica da conexão. Imunidades reduzem a circulação de informação e comunicação. *Like* não é uma reação imunológica. A violência do global como positividade é *pós-imunológica*. Baudrillard ignora essa mudança de paradigma constitutiva para a ordem digital neoliberal. Imunidades pertencem à ordem terrena, o ditado de Jenny Holzers "Protect me from what I want" [Proteja-me do que eu quero] torna clara, justamente, a qualidade pós-imunológica da violência da positividade.

Infecção, *implantar*, *expectorar* e *anticorpos* não explicam o excesso atual de sobrecomunicação e sobreinformação. O demais do igual pode, de fato, causar um vômito, mas o vomitar ainda não é nenhum nojo que vigoraria em relação ao outro, ao estrangeiro. O nojo é um "estado de exceção, uma crise aguda da autoafirmação contra uma alteridade inassimi-

---

15. BAUDRILLARD, J. *Der Geist des Terrorismus* [O espírito do terrorismo]. Op. cit., p. 54.

lável"[16]. Justo a negatividade faltante do outro causa sintomas como bulimia, *binge watching* [assistir sem parar] ou *binge eating* [comer sem parar]. Esses sintomas não são virais. Eles remetem, antes, à violência da positividade, que se furta a toda defesa imunológica.

O neoliberalismo é tudo, menos o ponto-final do Esclarecimento. Ele não é conduzido pela razão. Justo a sua loucura causa tensões destrutivas, que se descarregam na forma do terrorismo e do nacionalismo. A liberdade, tal como o neoliberalismo pretende que ela seja, é uma propaganda. O global reivindica hoje para si até mesmo valores universais. Assim, a liberdade é, ela mesma, explorada. Exploramo-nos livremente na ilusão de que nos realizamos. Não a repressão da liberdade, mas a sua exploração maximiza a produtividade e eficiência. Essa é a lógica pérfida fundamental do neoliberalismo.

Em vista da violência do global, deve-se proteger o universal da reivindicação por meio

---

16. MENNINGHAUS, W. *Ekel* – Theorie und Geschichte einer starken Empfindung [Nojo – Teoria e história se uma forte sensação]. Frankfurt am Main, 1999, p. 7.

do global. É necessária, por isso, a criação de uma ordem universal, que também se abre para o singular. Aquele singular que irrompe violentamente no sistema do global não é o outro que permitiria um diálogo. É na impossibilidade do diálogo que constitui o terrorismo que está o que é diabólico nele. O singular renunciaria ao seu aspecto diabólico apenas em um estado reconciliado, em que o distante e o distinto permaneceriam na proximidade preservada[17].

A "paz perpétua" de Kant não é senão o estado da reconciliação. Ela se baseia em *valores universais* que a razão dá para si mesma. Segundo Kant, a paz também é, de fato, forçada por meio daquele "espírito de comércio" que "não pode existir junto com a guerra e que, mais cedo ou mais tarde, se apodera de todo povo"[18]. Ele, porém, expira, não é eterno. É apenas a "força do dinheiro" que obriga a

---

17. Cf. ADORNO, T.W. *Negative Dialetik* [Dialética Negativa]. Frankfurt am Main, 1966, p. 190.

18. KANT, I. Zum ewigen Frieden – Ein philosophischer Entwurf [Sobre a paz perpétua – Um projeto filosófico]. In: WEISCHEDEL, W. (ed.). *Werke in 10 Bänden* [Obras em 10 volumes]. Vol. 9. Darmstadt, 1983, p. 226.

paz. O comércio global é, porém, uma guerra por outros meios. No *Fausto*, de Goethe, já se dizia: "Nenhuma viagem de navio precisava realizar: / Guerra, negócios e pirataria, / três são que não se pode separar".

A violência do global faz com que surjam mortos e refugiados como uma verdadeira guerra mundial. A paz a que o espírito de comércio força, não apenas expira como também é espacialmente limitada. As zonas de bem-estar, sim, as ilhas de bem-estar como banópticos são circundadas de fronteiras, campos de refugiados e cenários de guerra. Kant não reconheceu o diabólico; sim, o desarrazoado do espírito de comércio. O seu juízo permaneceu brando. Ele supôs que esse espírito produz uma longa paz. Essa paz é, porém, apenas uma aparência. O espírito de comércio é dotado apenas do entendimento calculador. Falta a ele toda razão. Desarrazoado é, por isso, o próprio sistema que é dominado apenas pelo espírito de comércio, pelo poder do dinheiro.

Justo a crise atual de refugiados mostra que a União Europeia não é senão uma união econômica de comércio, voltada para o ganho próprio. A União Europeia como zona de livre-comércio europeia, como uma comunidade contratual entre governos com seus interesses nacionais, não seria, para Kant, um produto da razão, uma "liga das nações" conduzida pela razão. Conduzida pela razão seria apenas uma comunidade de constituição que se comprometesse com valores *universais* como a dignidade humana.

A ideia de Kant da paz perpétua promovida pela razão alcança seu ápice com a sua demanda por uma "hospitalidade" incondicionada (em alemão, *Gastfreundschaft*). Desse modo, todo estrangeiro teria um direito de estadia em outro país. Ele pode se hospedar lá sem ser tratado hostilmente, "contanto que ele se comporte pacificamente em seu lugar". Ninguém teria, segundo Kant, "mais direito de estar em um lugar na Terra do que outra pessoa". A hospitalidade não é uma representação utópica, mas uma ideia obrigatória da razão. "Aqui, como nos artigos anteriores, não se fala de filantropia, mas de direito; e, aí, a hospitalidade (receptividade [*Wirtbarkeit*]) significa o direito de um estrangeiro de não ser tratado hostilmente por outro causa sua estadia no solo dele." A hospitalidade não é uma "representação fantástica e exagerada do direito, mas sim um complemento necessário do código não escrito, tanto do direito estatal como do direito internacional, para os direitos humanos públicos em geral, e, assim, para a paz perpétua, da qual só se pode gabar de se estar em aproximação contínua se se estiver sob essa condição"[19].

A hospitalidade é a expressão suprema da razão universal que chegou a si mesma. A razão não consiste em um poder homogeneizador. Com a sua *afabilidade*, ela está em condição de reconhecer o outro em sua alteridade e dar-lhe boas-vindas. *Afabilidade significa liberdade*.

A ideia da hospitalidade aponta, também, para além da razão, para algo universal. Para Nietzsche, ela é a expressão de uma "alma abundante". Ela está em condições de abrir todas a singularidades em si. "E todos nascentes, andarilhos, buscadores e refugiados

---

19. Ibid., p. 213.

devem ser bem-vindos aqui! Hospitalidade é, na verdade, minha única amistosidade"[20]. Hospitalidade promete reconciliação. Esteticamente, ela se manifesta como beleza. "Somos, por fim, sempre recompensados por nossa boa vontade, nossa paciência, equidade, doçura frente ao estranho, na medida em que o estranho lentamente descarta seu véu e se apresenta com nova e indizível beleza – é o seu agradecimento por nossa hospitalidade"[21]. A política do belo é a política da hospitalidade. A hostilidade ao estrangeiro é feiura e feia. Ela é uma expressão da falta da razão universal, uma indicação de que a sociedade ainda se encontra em um estado irreconciliado. O grau de civilização de uma sociedade se deixa medir justamente pela sua hospitalidade; sim, por sua *afabilidade*. *Reconciliação significa afabilidade.*

---

20. NIETZSCHE, F. Nachgelassene Fragmente [Fragmentos Póstumos]: julho 1822-inverno 1883-1884. In: *Kritische Gesamtausgabe* [Edição crítica]. Vol. V2. Berlim/Nova York, 1973, p. 240.

21. NIETZSCHE, F. Die fröhliche Wissenschaft [A gaia ciência]. In: *Kritische Gesamtausgabe* [Edição crítica]. Ibid.

Terror da autenticidade

Hoje se fala muito de autenticidade. Ela surge em toda propaganda do neoliberalismo com uma roupagem emancipatória. Ser autêntico significa ser livre de modelos de expressão e comportamento pré-definidos, prescritos de fora [de nós]. Dela parte a compulsão de ser igual apenas a si mesmo, de se definir apenas por si mesmo; sim, de ser autor e inventor de si mesmo. O imperativo da autenticidade desenvolve uma compulsão por si, uma compulsão de se questionar, se escutar, se espiar, se cercear. Ele acentua, assim, a autorreferência narcísica.

A compulsão por autenticidade compele o eu a *produzir a si mesmo*. A autenticidade é, em última instância, a forma de produção neoliberal do si. Ela faz de todos produtores de si mesmos. O eu como empreendedor de si mesmo *produz a si, performa a si mesmo,* e oferece a si mesmo como mercadoria. A autenticidade é um ponto de venda.

O esforço pela autenticidade de ser igual apenas a si mesmo desencadeia uma comparação [*Vergleich*] permanente com o outro. A lógica do *equi-*parar [*Ver-Gleichens*] faz o ser-outro [*Anderssein*] se inverter no ser-igual [*Gleichsein*]. Assim, a autenticidade do ser diferente consolida a conformidade social. Ela permite apenas as diferenças conformes ao sistema; a saber, a diversidade. A diversidade como termo neoliberal é um recurso que se deixa explorar. Assim, ela é oposta à *alteridade,* que se furta a toda utilização econômica.

Hoje, todos querem ser diferentes do outro. Mas, nesse querer-ser-diferente, o igual se perpetua. Aqui, estamos lidando com uma conformidade de nível superior. O ser igual se afirma por meio do ser diferente. A autenticidade do ser diferente impõe até mesmo de maneira mais eficiente a conformidade do que a uniformização repressiva. Esta é muito mais frágil do que aquela.

Sócrates, como amado, é chamado por seus discípulos de *atopos*. O outro que eu desejo é *sem lugar*. Ele se furta a toda comparação. Em *Fragmentos de uma linguagem do amor*, Roland Barthes escreve sobre a atopia do outro: "Como *atopos*, o outro faz com que a linguagem estremeça: não se pode falar *dele*, *sobre ele*; todo atributo é falso, doloroso, sem tato, embaraçoso [...]"[22]. *Sócrates, como objeto do desejo, é incomparável e singular. A singularidade é algo inteiramente diferente da autenticidade. A autenticidade pressupõe a comparabilidade. Quem é autêntico é diferente do outro. Sócrates, porém, é atopos, incomparável. Ele não é apenas diferente do outro, mas diferente diante de tudo que é diferente do outro.*

A cultura do constante equi-parar [*Ver-Gleichens*] *não permite nenhuma negatividade do atopos*. O equi-parar torna tudo comparável; ou seja, igual. Torna-se impossível, assim, a experiência atópica do outro. A sociedade do consumo se esforça para eliminar a alteridade

---

22. BARTHES, R. *Die helle Kammer* [A câmara clara]. Frankfurt am Main, 1985, p. 45.

atópica em favor de uma diferença consumível; sim, heterotópica. A diferença é uma positividade, diferentemente da alteridade atópica. O terror da autenticidade como forma de produção e consumo neoliberal elimina a alteridade atópica. A negatividade do inteiramente outro dá lugar à positividade do igual; sim, do *outro igual*.

Como uma estratégia neoliberal de produção, a autenticidade produz diferenças comoditificáveis [*kommodifizierbare*]. Assim, ela aumenta a pluralidade de mercadorias com as quais a autenticidade é materializada. Os indivíduos expressam a sua autenticidade sobretudo por meio do consumo. O imperativo da autenticidade não leva à formação de um indivíduo autônomo, soberano. Antes, ele é completamente cobrado pelo comércio.

O imperativo da autenticidade produz uma compulsão narcísica. O narcisismo não é idêntico ao saudável amor-próprio, que não tem nada de patológico. O amor-próprio não exclui o amor pelo outro. O narcisista, em contrapartida, é cego frente ao outro. O outro é dobrado até que o ego se reconheça nele. O sujeito narcisista percebe o mundo apenas como sombras de si mesmo. A consequência fatal: o outro desaparece. As fronteiras entre o si e o outro se dissipam. O si se difunde e se torna difuso. O eu se afoga no si. Um si estável surge, em contrapartida, apenas em vista do outro. A autorreferência excessiva e narcisista produz, em contrapartida, um sentimento de vazio.

Hoje, as energias libidinosas são investidas sobretudo no eu. A acumulação narcisista da libido-pelo-eu leva à desconstrução da libido-pelo-objeto; ou seja, da libido que ocupa o objeto. A libido-pelo-objeto produz uma ligação-com-o-objeto, que, em contrapartida, estabiliza o eu. O represamento narcisista da libido-pelo-eu adoece. Ele produz sentimentos negativos como angústia, vergonha, culpa e vazio: "Mas é algo inteiramente diferente se um certo processo, muito enérgico, obriga a remoção da libido dos objetos. A libido que se tornou narcisista não pode encontrar o caminho de volta para os objetos, e esse impedimento na movimentação da libido se torna, todavia, patogênica. Parece que o acúmulo de libido narcisista não pode ser suportado para além de uma certa medida"[23]. A angústia surge se mais nenhum objeto é ocupado pela libido. O mundo se torna, assim, vazio e desprovido de sentido. Por causa da falta de uma ligação-com-o-objeto o eu *é lançado de volta para si mesmo. Ele sucumbe para si mesmo. A depressão remete ao congestionamento narcisista da libido-pelo*-eu.

Freud aplica a sua teoria da libido até *mesmo à biologia. As células que se comportam apenas narcisisticamente* – às quais, portanto, falta o Eros – *são perigosas para a sobrevivência do organismo. Para a sobrevivência das células também são necessárias aquelas células que se comportam altruisticamente ou que até mesmo se sacrificam pelas outras:* "Talvez se possa explicar também as células da nova formação maliciosa, que destroem o organismo, como sendo narcisistas no mesmo sentido. Assim, a libido de nossos impulsos sexuais

---

23. FREUD, S. *Vorlesungen zur Einführung in die Psychoanalyse und Neue Folge* [Preleções para a introdução à psicanálise e novas consequências]. Frankfurt am Main, 1975, p. 406.

coincidiria com o Eros dos poetas e dos filósofos, que *dá sustentação a* todo vivente"[24]. Apenas o Eros aviva o organismo. Isso também vale para a sociedade. O narcisismo elevado a desestabiliza.

A falta de autoestima que está no fundamento do autoflagelo, as assim chamadas fendas, aponta para uma crise generalizada de gratificação de nossa sociedade. A autoestima não pode ser produzida por mim mesmo. Para tanto, eu sou direcionado ao outro como instância de gratificação que me ama, elogia, reconhece e estima. A singularização narcisista do ser humano, a instrumentalização do outro e a concorrência total destroem o clima de gratificação. Desaparece o olhar confirmador, reconhecedor. Para uma autoestima estável também sou direcionado à ideia de que eu sou importante para outros, que eu sou amado por outros. Ela pode ser difusa, mas é indispensável para o sentimento de *ser* importante. Justamente a falta de sentimento de ser

---

24. FREUD, S. *Psychologie des Unbewussten* [Psicologia do inconsciente]. Frankfurt am Main, 1989, p. 259.

é responsável pelo autoflagelo. A fenda não é apenas um ritual de autopunição pela própria insuficiência, típica para a atual sociedade do desempenho e da otimização, mas também um grito por amor.

O sentimento de vazio é um sintoma fundamental da depressão e do distúrbio de personalidade borderline. Os borderlines frequentemente não estão em condições de sentir a si mesmos. Apenas pela fenda eles sentem alguma coisa. O sujeito de desempenho depressivo está pesadamente carregado consigo mesmo. Ele está cansado de si mesmo. Completamente incapaz de sair de si próprio, ele se aferra a si mesmo; o que, paradoxalmente, leva ao esvaziamento e à eros*ão do si*. Encapsulado, preso em si mesmo, ele perde toda referência ao outro. Eu me toco, me percebo, porém, apenas por meio do toque do outro. O outro *é constitutivo para a formação de um si estável.*

É característica para a sociedade atual a eliminação de toda negatividade. Também a comunicação é alisada na troca de agrados. Sentimentos negativos como tristeza são banidos de qualquer linguagem, de qualquer expressão.

Toda forma de ferimento pelo outro é evitada. Ele, porém, surge novamente como autoferimento. Também aqui se confirma a lógica geral de que a expulsão da negatividade do outro traz consigo um processo de autodestruição.

A depressão como resultado se apoia, segundo Alain Ehrenberg, na relação perdida com o conflito. A cultura atual do desempenho e da otimização não permite nenhum trabalho sobre o conflito, pois esse trabalho demanda tempo. O sujeito do desempenho atual conhece apenas dois estados: funcionar ou falhar. Nisso ele se assemelha a máquinas. Também máquinas não conhecem nenhum conflito. Ou elas funcionam sem impedimentos ou elas estão quebradas.

Conflitos não são destrutivos. Eles têm um lado construtivo. Só de conflitos surgem relações e identidades estáveis. A pessoa cresce e amadurece por meio do trabalho sobre o conflito. O sedutor na fenda é que ela desfaz tensões destrutivas acumuladas sem o trabalho sobre o conflito, que demanda muito tempo. Processos químicos são responsabilizados por uma rápida remoção da tensão. Drogas próprias para o corpo são distribuídas. Seu modo de funcionamento se assemelha ao de antidepressivos. Também eles reprimem estados conflituosos e tornam o sujeito de desempenho depressivo rapidamente funcional mais uma vez.

Também o *vício de selfie* tem pouco a ver com o amor-próprio. Ele não é senão o andar vazio do eu narcisista isolado. Em vista do vazio interno, se visa, em vão, a *se produzir a si mesmo*. Apenas o vazio se reproduz. *Selfies são o si em formas vazias*. O *vício de selfie* acentua o sentimento de vazio. Não o amor-próprio, mas a autorreferência narcísica leva a ele. *Selfies são belas e lisas superfícies de um si esvaziado e inseguro. Para escapar do vazio aflitivo* hoje se recorre ou à lâmina de barbear ou ao smartphone. *Selfies são superfícies lisas que ocultam o si vazio por um curto espaço de tempo. Quando, porém,* são viradas, deparamos com as [suas] costas cheias de feridas, que sangram. Feridas são o outro lado das *selfies*.

Seria a tentativa de suicídio uma tentativa perversa de perceber a si mesmo, restaurar o sentimento de autoestima perdido, explodir o vazio enfardador ou atirar nele para desfazê-lo? A psicologia do terror se deixaria comparar com a psicologia da *selfie* e do autoflagelo, que também procedem contra o eu vazio? Compartilhariam os terroristas o mesmo psicograma que os jovens que ferem a si próprios; que, portanto, voltam sua agressão contra si mesmos? Diferentemente de meninas, os meninos, como se sabe, dirigem sua agressão para fora, para o outro. A tentativa de suicídio seria, então, uma ação paradoxal, na qual autoagressão e agressão ao outro, autoprodução e autodestruição coincidiriam; uma agressão de nível superior, que, porém, ao mesmo tempo, é *imaginada* com uma *selfie* definitiva. O aperto do botão que faz com que a bomba exploda se iguala ao aperto do botão da câmera. Terroristas habitam no imaginário, pois a realidade, que consiste em discriminação e ausência de esperança, não é mais digna de viver. A realidade nega a eles toda gratificação. Assim, eles invocam a Deus como instância imaginária de gratificação, e estão certos, além disso, do fato de que, imediatamente depois do seu ato, a sua foto circulará massivamente na mídia, como uma espécie de *selfie*. O terrorista *é um narcisista com um cinto de explosivos que o torna especialmente autêntico. Karl-Heinz Bohrer não está* errado quando, em seu ensaio *Autenticidade e terror* constata que o terrorismo é o último ato de autenticidade[25].

---

25. Cf. BOHRER, K.H. Authentizität und Terror [Autenticidade e terror]. In: *Nach der Natur* – Über Politik und Ästhetik [Depois da natureza – Sobre política e estética]. Munique, 1988, p. 62.

Angústia

A angústia tem etiologias completamente diferentes. À primeira vista, é o estrangeiro, o infamiliar [*Unheimlich*], o desconhecido que gera uma angústia. Ela pressupõe a negatividade do inteiramente outro. Segundo Heidegger, ela cresce em vista do *nada*, que é experienciado como o inteiramente outro do ente. A negatividade, a abismalidade do nada é estranha a nós hoje, pois o mundo, como depósito de mercadorias, está preenchido com entes.

Em *Ser e tempo*, a angústia surge lá, onde o *lar da publicidade*, da *exposição pública* – a saber, o edifício dos paradigmas de percepção e comportamento cotidianos – desabam e dão lugar a um *não lar* [*Un-zuhause*]. Ela arranca o *ser-aí*, a designação ontológica de Heidegger para o ser humano, para fora da *cotidianidade* familiar, habitual, para fora da conformidade social[26]. Na angústia, o ser-aí é confrontado com o infamiliar.

O *Se* encarna a conformidade social. Ele nos prescreve como temos de viver, agir, perceber, pensar, julgar: "Desfrutamos e nos divertimos, como *se* desfruta; lemos, vemos e julgamos sobre literatura e arte, como *se* vê e julga; [...] consideramos 'revoltante', o que *se* considera revoltante"[27]. A ditadura do *Se* aliena o ser-aí de seu mais próprio poder-ser, da verdadeira autenticidade [*Eigentlichkeit*]: "Nesse tranquilizante se-comparar com tudo, que tudo 'entende', o ser-aí é levado a uma alienação na qual o mais próprio poder-ser lhe é ocultado"[28]. O desabamento do horizonte de entendimento cotidiano gera angústia. Apenas na angústia se abre ao ser-aí a possibilidade do [seu] mais próprio poder-ser.

Hoje não impera a *uniformidade* do *todo outro como o outro* que caracteriza o Se. Ela dá lugar à *diversidade* de opiniões e opções.

---

26. HEIDEGGER, M. *Sein und Zeit* [Ser e tempo]. Tübingen, 1977, p. 189.

27. Ibid., p. 126.

28. Ibid., p. 178.

A diversidade permite apenas diferenças conforme ao sistema. Ela representa a alteridade tornada consumível. Assim, ela perpetua o igual de maneira mais eficiente do que a uniformidade; pois, por causa da multiplicidade aparente de primeiro plano, não se reconhece a violência sistêmica do igual. Multiplicidade e escolha emulam uma alteridade que, na realidade, não existe.

A *verdadeira autenticidade* [*Eigentlichkeit*] de Heidegger é muito diferente da autenticidade comum [*Authentizität*]. Ela é até mesmo oposta a esta. Segundo a terminologia de *Ser e tempo*, a autenticidade comum de hoje é uma forma de *inautenticidade* [*Uneigentlichkeit*]. A verdadeira autenticidade parte do desabamento da cotidianidade. Arrancado do tranquilizante mundo do Se, o ser-aí é confrontado com a infamiliaridade do *não lar*. A autenticidade comum do ser diferente, em contrapartida, ocorre no interior da ordem da cotidianidade. O si comumente autêntico é *o si na forma de mercadoria*. Ele se concretiza por meio do consumo.

A angústia tem, em Heidegger, uma relação estreita com a morte. A morte não significa o mero fim do ser, mas "uma maneira de ser"[29], a saber, a possibilidade extraordinária de ser si mesmo. Morrer significa: "'Eu sou'; ou seja, eu serei meu eu mais próprio"[30]. Em vista da morte, desperta uma "decisividade silenciosa, que exige a angústia", para o ser-si-mesmo *verdadeiramente autêntico* [*eigentlich*]. A morte é *minha* morte.

Também depois da assim chamada virada, que marca, em Heidegger, um corte decisivo em seu pensamento, a morte significa, além disso, mais do que o fim da vida. Ela não evoca mais, porém, a ênfase do si. Ela representa, agora, apenas a negatividade do abismo, do mistério. Deve-se "trazer a morte para dentro do ser-aí, para sobrepujar o ser-aí em sua amplidão abismal"[31]. O Heidegger tardio carac-

---

29. Ibid., p. 245.

30. HEIDEGGER, M. Prolegomena zur Geschichte des Zeitbegriffs [Prolegomênos para a história do conceito de tempo]. *Gesamtausgabe* [Obras completas]. Vol. 20. Frankfurt am Main, 1994, p. 433.

31. HEIDEGGER, M. Beiträge zur Philosophie (Vom Ereignis) [Contribuições para a filosofia (Sobre o acontecimento)].

teriza a morte também como o "santuário do nada". Ela é algo "que, em todos os aspectos, nunca é meramente um *ente*, e que, todavia, é, até mesmo com o segredo do próprio *Ser*"[32]. A morte inscreve no ente a negatividade do segredo, do abismo, do inteiramente outro.

Nos tempos atuais, que se esforçam para banir a negatividade da vida, também a morte emudece. Ela não *fala* mais. Toma-se dela toda linguagem. Ela não é mais "uma maneira de ser", mas apenas o mero fim da vida, que deve ser adiado com todos os meios. A morte significa, simplesmente, a des-produção [*Ent--Produktion*], o fim da produção. Hoje, a produção se totalizou como a única forma de vida. A histeria da saúde é, em última instância, a histeria da produção. Ela destrói, porém, a vivacidade real. A proliferação do saudável é obscena como a proliferação da obesidade. Ela é uma doença. Inere a ela uma morbidez. Se se nega a morte em nome da vida, a própria vida

---

In: *Gesamtausgabe* [Obras completas]. Vol. 65. Frankfurt am Main, 1989, p. 285.

32. HEIDEGGER, M. *Vorträge und Aufsätze* [Conferências e artigos]. Op. cit., p. 177.

se torna, desse modo, destrutiva. Ela se torna *autodestrutiva*. Também aqui se deixa constatar a dialética da violência.

Justamente a negatividade é vivificante. Ela nutre a vida do espírito. O espírito obtém a sua verdade apenas ao encontrar a si mesmo na absoluta rasgadura. Apenas a negatividade do rasgo e da dor mantém o espírito vivo. O espírito é "esse poder", "não como o positivo que olha para longe do negativo". Ele é "esse poder apenas ao olhar o negativo nos olhos e se demorar nele"[33]. Hoje, fugimos desesperadamente do negativo, em vez de nos demorarmos nele. O aferrar-se ao positivo reproduz, porém, apenas o igual. Não há apenas o inferno da negatividade, mas também o inferno da positividade. O terror não parte apenas do negativo, mas também do positivo.

A angústia que desencadeia o desabamento do mundo familiar é uma *angústia profunda*. Ela se assemelha àquele tédio profundo.

---

33. HEGEL, G.W.F. *Phänomenologie des Geistes* [Fenomenologia do espírito]. Hamburgo, 1952, p. 30.

Um inquieto "voltar-se para fora"[34] caracteriza o tédio superficial. No tédio profundo, em contrapartida, o ente como um todo escapa. Mas, nesse *falhar* [*Versagen*] está contido, segundo Heidegger, um *falar* [*Ansagen*], um *chamar*", que convoca o ser-aí a se decidir para o *agir aqui e agora*.

O tédio profundo faz com que alvoreçam aquelas possibilidades de ação que poderiam capturar o ser-aí e que, porém, neste momento, permanecem dormentes no *é um tédio*[35]. Ele *convoca* o ser-aí a capturar o poder-ser mais próprio; ou seja, a agir. Ele tem um *caráter de chamado*. Ele *fala*. Ele tem uma *voz*. O tédio de hoje em dia, que vem junto de uma hiperatividade, é sem fala, mudo. Ele é eliminado por meio da próxima atividade. Ser ativo, porém, não é ainda *agir*.

A angústia remete, no Heidegger tardio, à diferença ontológica, à diferença entre ser e

---

34. HEIDEGGER, M. Die Grundbegriffe der Metaphysik – Welt-Endlichkeit-Einsamkeit [Os conceitos fundamentais da metafísica Mundo-Finitude-Solidão], Gesamtausgabe [Obras completas], vol. 29/30, Frankfurt am Main; terceira edição, 2004, p. 193.

35. Ibid., p. 212.

ente. O pensamento tem de suportar o *ser sem ente* abismal, a fim de entrar em um "espaço ainda não adentrado". O ser parte, em certo sentido, do ente, e faz com que ele sempre apareça sob uma luz de-*finida* [*be-stimmten*]. O pensamento ama o *abismo*. Inere nele uma "coragem clara para a angústia essencial"[36]. Sem essa angústia, o igual se perpetua. O pensamento se expõe à "voz silenciosa" que ele afina "no choque [*Schrecken*] do abismo"[37]. O espanto o livra do *entorpecimento do ente*; sim, do *entorpecimento do igual*. Ele se assemelha àquela "dor na qual o ser diferente essencial do ente em relação ao habitual se desvela"[38].

Hoje impera uma *indiferença ontológica*. Tanto o pensamento como a vida se tornam cegos em relação a seu *plano de imanência*. Sem contato com ele, o *igual* persiste. O *ser* de Heidegger caracteriza esse plano de imanência. Ele é aquele plano do ser onde o pensa-

---

36. HEIDEGGER, M. *Wegmarken* [Marcas do caminho]. Frankfurt am Main, 1967, p. 103.

37. Ibid., p. 102.

38. HEIDEGGER, M. Parmenides. In: *Gesamtausgabe* [Obras completas]. Vol. 54. Frankfurt am Main, 1982, p. 249.

mento começa novamente. Só o contato com ele permite que algo inteiramente diferente comece. Nesse sentido, escreve também Deleuze: "À la lettre, je dirais: ils font les idiots. Faire l'idiot. Faire l'idiot ça a toujours été une fonction de la philosophie"[39] [Ao pé da letra, eu diria: eles estão a fazer-se de idiotas. Fazer-se de idiota. Fazer-se de idiota sempre foi uma função da filosofia]. "Faire l'idiot" [Fazer-se de idiota] realiza uma ruptura com o predominante, com o igual. Isso abre aquele plano de imanência virgem e torna o pensamento receptível para a *verdade*, para o *acontecimento* que abre uma nova relação com a realidade. Tudo aparece, então, sob uma luz inteiramente nova. Só por meio da angústia se alcança o plano de imanência do ser. Ele livra o pensamento do ente importunador interior ao mundo, do entorpecimento do igual, que Heidegger chama de "esquecimento do ser". Aquele plano de imanência do ser é virgem, ainda não tem nome: "Se o ser humano deve,

---

39. Apud MENGUE, P. *Faire l'idiot* – La politique de Deleuze [Fazer-se de idiota – A política de Deleuze]. Germina, 2013, p. 7.

porém, mais uma vez se encontrar na proximidade do ser, então, ele tem de aprender primeiro a existir no sem nome"[40].

A angústia de hoje tem uma etiologia inteiramente diferente. Ela não remete nem ao desabamento da conformidade cotidiana nem ao ser abismal. Antes, ela ocorre no interior do consenso cotidiano. Ela é uma angústia *cotidiana*. O seu sujeito permanece o Se: "O Eu se orienta pelo outro e chega ao arremesso quando não acredita poder mais acompanhar. [...] A representação do que os outros pensam sobre alguém e sobre o que eles pensam que pensam sobre eles se torna uma fonte de angústia social. Não é a situação objetiva que enfarda a pessoa singular e a quebra, mas sim a sensação de, em comparação com seus pares significativos, de ter tirado o menor palito"[41].

O ser-aí de Heidegger, que é decidido para o poder-ser mais próprio, ao ser si mesmo verdadeiramente autêntico, não é conduzido por

---

40. HEIDEGGER, M. *Brief über den Humanismus* [Carta sobre o humanismo]. Frankfurt am Main, 1947, p. 9.

41. BUDE, H. *Gesellschaft der Angst* [Sociedade da angústia]. Hamburgo, 2014, p. 26.

fora, mas por dentro. Ele se assemelha a um compasso que tem um centro interior e uma forte orientação para o poder-ser mais próprio. Nisso, ele é oposto ao disperso ser-humano-radar, que se perde no lado de fora[42]. A orientação interior torna superficial a comparação permanente com o outro à qual o ser humano conduzido por fora é forçado.

Hoje, muitos são afligidos por angústias difusas, angústia de falhar, angústia de fracassar, angústia de se tornar dependente, angústia de cometer um erro ou de tomar uma decisão errada, angústia de não satisfazer as próprias expectativas. Essa angústia se fortalece por meio de uma constante comparação com o outro. Ela é uma *angústia lateral*, em oposição àquela *angústia vertical*, que desperta diante do inteiramente outro, do infamiliar, do nada.

Vivemos, hoje, em um sistema neoliberal que desmonta estruturas temporais estáveis, fragmenta o tempo de vida e faz com que o vinculante [*Bindende*], o vinculativo [*Verbindlich*] se desfaça, a fim de aumentar a produ-

---

42. Ibid., p. 24.

tividade. Essa política neoliberal do tempo produz angústia e insegurança. E o neoliberalismo separa seres humanos em empreendedores de si mesmo isolados. O isolamento, que caminha de mãos dadas com a falta de solidariedade e a concorrência total, produz angústia. A lógica pérfida do neoliberalismo enuncia: *A angústia aumenta a produtividade.*

Limiares

A angústia também desperta no limiar. Ela é um típico sentimento limiar. O limiar é a passagem para o desconhecido. Além do limiar, começa um estado de ser completamente diferente. No limiar, por isso, está sempre inscrita a morte. Em todos os rituais de passagens, os *rites de passage*, se morre uma morte a fim de renascer além do limiar. A morte é, aqui, experimentada como passagem. Quem ultrapassa o limiar passa por uma metamorfose. O limiar como lugar da metamorfose *dói*. Inere a ele a negatividade da dor: "Se você percebe a dor dos limiares, então não é um turista; pode haver a passagem"[43]. A *transição* rica de limiares dá lugar à *passagem* sem limiar. Na internet, somos, mais do que nunca, turistas.

---

43. HANDKE, P. *Phantasien der Wiederholung* [Fantasias da repetição]. Frankfurt am Main, 1983, p. 13.

Não somos mais o *homo doloris* [homem da dor], que habita na dor. Turistas não têm nenhuma experiência que implique uma metamorfose, uma dor. Assim, eles permanecem *iguais* a si mesmos. Eles viajam pelo inferno do igual.

Limiares podem assustar ou angustiar. Mas eles também podem alegrar ou encantar. Eles agitam *fantasias pelo outro*. A compulsão pela aceleração da circulação global de capital, comunicação e informação desfaz os limiares e produz um espaço sem limiar, plano, com rotações internas extremamente aceleradas. Aqui, surge uma nova angústia, que está inteiramente desacoplada da negatividade do outro.

A comunicação digital como nova forma de comunicação desfaz rigorosamente toda distância, a fim de se acelerar. Toda distância protetora é, assim, perdida. Na hipercomunicação, tudo se mistura com tudo. Também se tornam cada vez mais permeáveis as fronteiras entre interior e exterior. Somos, hoje, inteiramente exteriorizados em uma "pura superfície", que está exposta aos "raios incidentes de todas as redes"[44].

A coação por transparência elimina toda lacuna de visão e informação e fornece a tudo completa visibilidade. Ela leva ao desaparecimento do espaço de recolhimento e proteção. Desse modo, tudo nos é perigosamente próximo. Nada nos dá cobertura. Nós mesmos somos apenas transições em meio à rede global. Transparência e hipercomunicação nos furtam de toda interioridade protetora. Sim, renunciamos voluntariamente a ela e nos expomos a redes digitais que nos penetram, nos iluminam e nos perfuram. A sobreiluminação digital produz uma angústia latente, que remete não à negatividade do outro, mas ao excesso de positividade. O inferno transparente do igual não é livre de angústia. Angustiante é, justamente, o cada vez mais forte *murmúrio do igual*.

---

44. BAUDRILLARD, J. *Das Andere selbst* [O outro mesmo]. Op. cit., p. 23.

Alienação

O romance de Albert Camus *O estrangeiro* descreve o ser-estrangeiro como um sentimento de ser e de existência fundamental. O ser humano é um estrangeiro diante do mundo, um estrangeiro entre seres humanos e também um estrangeiro em relação a si mesmo. O protagonista, Meursault, é separado de outros por uma barreira linguística. A estrangeiridade [*Fremdheit*] se exterioriza como ausência de linguagem. Todos estão presos em uma cela que é separada das outras por meio de uma barreira linguística. Essa estrangeiridade não tem lugar nem no tempo atual da hipercomunicação nem no mundo como zona de bem-estar ou depósito de mercadorias.

Também o poema *Barreira linguística*, de Paul Celan, trata da experiência da estrangeiridade: "Fosse eu como tu. Fosses tu como eu. / Não estaríamos então / Sob *um* alísio. / Somos estrangeiros. // Os azulejos, lá, / Densamente lado a lado, ambos / riem sombriamente: / dois silêncios de boca cheia"[45].

Hoje nos entregamos inteiramente a uma comunicação sem limites. Somos praticamente atordoados pela hipercomunicação digital. A barulheira da comunicação não nos faz, porém, menos solitários. Ela, talvez, nos torna ainda mais solitários do que *barreiras linguísticas*. Além da barreira linguística, há sempre um *tu*. Ela preserva ainda a *proximidade da distância*. A hipercomunicação, em contrapartida, destrói tanto o *tu* como também a *proximidade*. *Relações* são substituídas por *conexões*. A ausência de distância suprime a proximidade. *Dois silêncios de boca cheia* poderiam conter mais proximidade, mais linguagem do que a hipercomunicação. O silêncio é linguagem; a barulheira da comunicação, em contrapartida, não é.

---

45. CELAN, P. Die Gedichte [Os poemas]. In: WEIDEMANN, B. (ed.). *Kommentierte Gesamtausgabe* [Edição completa e comentada]. 2. ed. Frankfurt am Main, 2003, p. 100.

Orientamo-nos hoje em uma zona de bem-estar da qual a negatividade do estrangeiro é eliminada. O *like* é o seu lema. A tela digital [*Bildschirm*] nos blinda [*abschirmt*] cada vez mais contra a negatividade do estrangeiro, do infamiliar. A estrangeiridade é, hoje, indesejada, na medida em que ela representa um obstáculo para a aceleração da circulação de informação e capital. A coação por aceleração nivela tudo ao igual. O espaço *transparente* da hipercomunicação é um espaço sem mistério, sem estrangeiridade e sem enigma.

O outro como alienação desaparece igualmente. A relação de trabalho atual não se deixa mais descrever por meio da teoria marxista da alienação. A alienação do trabalho significa que o trabalhador se relaciona com o seu trabalho como com um objeto alienado. Ele não se reconhece nem em seu produto, nem em seu fazer. O trabalhador se torna tanto mais pobre quanto mais riqueza ele produz. Os seus produtos são arrancados dele. O fazer do trabalho causa a sua desrealização: "A realização do trabalho aparece tanto como desrealização, que o trabalhador é desrealizado até o nível da inanição"[46]. Quanto mais ele se desgasta, mais ele se encontra sob o domínio do outro explorador. Essa relação de dominação que leva à alienação, à desrealização, é comparada por Marx com a religião: "Quanto mais o ser humano põe em Deus, menos ele mantém em si mesmo. O trabalhador põe sua vida no objeto; mas, agora, ela não pertence mais a ele, mas ao objeto. Quanto maior, portanto, essa atividade, tanto mais desprovido de objeto é o trabalhador. O que o produto do seu trabalho é, ele não é. Quanto maior, portanto, é esse produto, menor é ele mesmo"[47]. Por causa da alienação na relação de trabalho não é possível que o trabalhador se realize. O seu trabalho é um *desrealizar-se* contínuo.

Vivemos, hoje, em uma era pós-marxista. No regime neoliberal, a exploração não ocorre mais como alienação e autodesrealização, mas como liberdade, como autorrealização e auto-

---

46. MARX, K. *Ökonomisch-philosophische Manuskripte* [Manuscritos econômico-filosóficos]. Hamburgo, 2005, p. 56s.

47. Ibid., p. 57.

-otimização. Aqui, não há mais o outro como explorador, que me obriga ao trabalho e me aliena de mim mesmo. Antes, eu exploro voluntariamente a mim mesmo, crente de que, assim, me realizo. Essa é a lógica pérfida do neoliberalismo. Assim, também o primeiro estágio do *burnout* é a euforia. Lanço-me euforicamente no trabalho, até que eu, por fim, desmorone. Eu me realizo até a morte, me otimizo até a morte. A dominação neoliberal se esconde por trás da liberdade ilusória. A dominação se consuma no momento em que ela coincide com a liberdade. Essa liberdade [apenas] sentida é fatal, na medida em que ela não permite nenhuma resistência, nenhuma revolução. Contra o que deve se dirigir a resistência? Não há, afinal, mais nenhum outro ponto do qual parta uma repressão. O truísmo de Jenny Holzer "Protect me from what I want" [proteja-me do que eu quero] expressa certeiramente essa mudança de paradigma.

Hoje surge uma nova forma de alienação. Não se trata mais da alienação do mundo ou do trabalho, mas sim de uma autoalienação destrutiva; a saber, a *alienação de si mesmo*.

Essa autoalienação ocorre justamente nos trilhos da auto-otimização e da autorrealização. No momento em que o sujeito do desempenho percebe a si mesmo – por exemplo, seu próprio corpo – como um objeto funcional a ser otimizado, ele se aliena sucessivamente dele. Essa autoalienação ocorre por causa da negatividade faltante, sem ser percebida. Não apenas a autoexploração, mas também a autoalienação, que se exterioriza patologicamente como perturbação do esquema corporal, atua de modo autodestrutivo. Anorexia nervosa, bulimia ou *Binge-Eating Disorder* [Compulsão alimentar periódica] são sintomas de uma autoalienação crescente. Por fim, não se percebe mais o próprio corpo.

Contracorpo

A palavra objeto vem do verbo *obicere*, que significa *se contrapor, se colocar diante* ou *se lançar à frente, acusar*. O objeto é primariamente, então, um *contra* [*Gegen*] que se volta conta mim, que se contrapõe, se opõe a mim, que me contradiz, me repugna e resiste a mim. Nisso consiste a sua negatividade. Esse campo de sentido de objeto ainda está presente na palavra francesa *objection*, que também significa objeção ou protesto [*Widerspruch*].

A experiência daquilo que está presente como *obicere* é, provavelmente, mais originária do que a *representação* [*Vorstellung*] do que está presente como objeto [*Gegenstand*]. Na representação, o sujeito representador se apodera do objeto representado. Ele o *entrega* para si. Aqui, o objeto perde muito da negatividade do contra. À mercadoria como objeto de consumo falta inteiramente a negatividade do *obicere*. Como mercadoria, ele não me repreende por nada, não me acusa de nada, não se contrapõe a mim. Antes, ele quer se aproximar de mim e me agradar, arrancar de mim um *curti*. A ausência do contra e do de frente caracteriza a percepção atual.

O mundo perde cada vez mais a negatividade do contra. O meio digital acelera esse desenvolvimento. A ordem digital é oposta à ordem terrena, à ordem da terra. Justo para a filosofia do Heidegger tardio vigora a ordem terrena. Aqui, ele invoca o "peso das montanhas e a dureza da sua rocha primitiva"[48]. Também se fala do "trenó de chifres" do "jovem fazendeiro", da "resistência do abeto emergente contra a tempestade", da "contrapista escarpada". O *peso* e o *contra* dominam a ordem terrena. Falta ao digital, em contrapartida, todo *peso que nos enfarde*. Ele não

---

48. HEIDEGGER, M. Schöpferische Landschaft – Warum bleiben wir in der Provinz. [Paisagem criadora – Por que permanecemos na província]. In: *Denkerfahrungen, 1910-1976* [Experiências de pensamento 1910-1976]. Frankfurt am Main 1983, p. 9-13.

aparece como o de frente recalcitrante, renitente e insubordinado.

Também as imagens perdem hoje cada vez mais o caráter do de frente. Falta às imagens digitais toda magia, todo feitiço, toda sedução. Elas não são mais *contraimagens* que teriam uma *vida própria*, uma *força própria*, que irritariam, enfeitiçariam, estranhariam e inebriariam o observador. O *curtir* é o estágio de absoluta atrofia da percepção.

A coisa [*Ding*] é, para Heidegger, algo que nos con-diciona [*be-dingt*]. Esse *condicionamento* não é mais o sentimento de ser de hoje. Também Handke se volta decididamente contra a crescente descoisificação e descorporificação do mundo. A sua viagem de inverno para os rios Danúbio, Save, Morava e Drina se encontra inteiramente sob o signo da *salvação das coisas*. Handke move a pesada porta de loja sérvia como signo da verdadeira coisa. Ela *lança* seu peso *contra* nós. Ela é um *objeto*, um *obicere*. O peso das coisas constitui o *peso do mundo*. Elas são *contracorpos*. O "apertar da campainha de ferro ancestral", o "quase penoso ter de empurrar a porta da loja" desencadeia em Handke até um sentimento de felicidade: "Na leve resistência da coisa, causada pela idade e peso material, em sua fricção com o corpo daquele que entra, se revela um contracorpo autônomo. [...] A porta de loja sérvia é, literalmente, um objeto como algo contraposto [*Gegen-stand*]; [...] Parte de uma comunicação momentânea intensiva com corpos, sim, sujeito de um acontecimento espacial-concreto que tem subsistência em si mesmo [...]. Essa leve resistência, a perceptível força própria das coisas mais simples se furta à representabilidade, salva-as do desaparecimento na disponibilidade perceptiva espelhante"[49]. Handke vai ao mercado e imagina coisas como *contracorpos*. Elas são, como um todo, pesadas e massivas. Elas repousam em si mesmas. São "panelas de mel massivas e escuras como a floresta, galinhas de canja grandes como trutas, ninhos ou coroas de macarrão de um amarelo estranho, peixes de rio frequentemente com uma

---

49. WINKELS, H. *Leselust und Bildermacht* – Literatur, Fernsehen und Neue Medien [Vontade de leitura e poder das imagens – Literatura, televisão e novas mídias]. Colônia, 1997, p. 89s.

bocarra de predador, frequentemente com um tamanho de conto de fadas"[50].

A ordem digital efetua uma crescente descorporificação do mundo. Hoje, há cada vez menos comunicação de corpos. Ela também desfaz contracorpos ao tomar das coisas seu peso material, sua massa, seu peso próprio, sua vida própria, seu tempo próprio e torná-los disponíveis e a qualquer momento. Os objetos digitais não são mais *obicere*. Eles não nos *enfardam* mais. Nenhuma resistência parte deles. O desaparecimento do *contra* ocorre, hoje, em todas as esferas. O curtir é oposto ao *obicere*. Tudo pede, hoje, por *like*. A ausência total do contra não é um estado ideal, pois *sem o contra se cai duramente em si mesmo*. Ela leva a uma *autoerosão*.

Hoje também perdemos o *de frente* em um sentido específico. Para Heidegger, os objetos [*Gegenstand*] e o de frente [*Gegenüber*] não são

---

50. HANDKE, P. *Eine winterliche Reise zu den Flüssen Donau, Save, Morawa und Drina oder Gerechtigkeit für Serbien* [Uma viagem de inverno aos rios Danúbio, Save, Morava e Drina, ou justiça para a Sérvia]. Frankfurt am Main, 1996, p. 71.

idênticos. Os gregos nunca experimentaram o que está presente como objeto [*Gegenstand*], mas como de frente. No objeto, o contra é constituído pelo sujeito que o representa para si. Assim, ele se apodera do objeto. No de frente, em contrapartida, o contra se constitui naquilo que "vai além do ser humano que grava, ouvindo e escutando, no que invade o ser humano, ele, que nunca se compreendeu como sujeito para objetos". O que está presente como de frente não é aquilo "que um sujeito lança para si como objeto, mas o que vem ao registro como o que re-coloca [*hin-stellt*] e re-presenta [*dar-stellt*] o olhar e ouvir humanos *como* o que chega por meio dele"[51]. Desse modo, os gregos experimentavam, na presença observadora dos deuses, o de frente mais assombroso e enfeitiçador. Ele se consuma como *encontro* com o *inteiramente outro*. São, portanto, olhar e voz, por meio dos quais o inteiramente outro se manifesta.

---

51. HEIDEGGER, M. *Der Satz vom Grund* [O princípio da razão suficiente]. Pfullingen, 1967, p. 140.

Olhar

No começo do Seminário X, *A angústia*, Jacques Lacan apresenta a fábula didática *Apólogo da adoradora de deuses*. Lacan usa uma máscara, mas ele não sabe qual é a sua aparência. Com a máscara no rosto, ele se encontra de frente a uma gigantesca adoradora dos deuses. Ele não sabe absolutamente nada sobre o que a adoradora dos deuses vê e sobre o que a visão da máscara despertará nela. Além disso, não é possível nenhum entendimento linguístico com o de frente. Assim, ele está inteiramente entregue a ela, ao seu olhar. O fato de que ela, depois da cópula, rasga o homenzinho, faz com que ela pareça ainda mais assombrosa. O *inteiramente outro*, que se furta a toda previsão e cálculo e infunde medo, manifesta-se como *olhar*.

Com a sua fábula didática da adoradora dos deuses, Lacan se refere a uma cena em *Thomas o Obscuro*, de Maurice Blanchot, que descreve o protagonista como um leitor possuído, que é engolido pela palavra como por uma adoradora dos deuses. Ler significa *ser visto*: "Antes de todo signo ele se encontrava na situação do homenzinho que foi imediatamente engolido por uma adoradora de deuses. Um como o outro se olhavam (*L'un et l'autre se regardaient*). [...] Thomas deslizou assim por esses caminhos, aproximou-se deles sem esforço até o instante em que o circuito interno da palavra o *avistou*. Isso ainda não foi nada de assustador, quase um instante agradável, que ele teria prolongado de bom grado. [...] Com prazer ele se viu no olho que o via"[52]. Blanchot descreve, aqui, uma experiência especial de alienação, na qual abdicamos da *soberania do olhar* e nos entregamos ao *olhar do outro*.

A cena final de *La dolce vita* [A doce vida] mostra um grupo festivo que virou a noite e

---

52. BLANCHOT, M. *Thomas der Dunkle* [Thomas o Obscuro]. Frankfurt am Main, 1987, p. 21.

que se encontra, no alvorecer, na praia, e observa como uma raia gigantesca é trazida para fora do mar. A câmera mostra os grandes olhos abismais da raia em close. Marcelo murmura: "E ela não para de encarar" (*E questo insiste a guardare*). Jacques Lacan aborda de muitas maneiras essa cena final. No seminário *Ética da psicanálise* ele apresenta a raia pela qual se é *visto* como uma *coisa* atroz: "É o momento no qual, com o nascer do dia, o grupo de pessoas com vida, em meio a galhos de pinho na praia, ainda imóveis e tomados como em dissolução na luz vibrante, repentinamente irrompe no sentido de não sei qual objetivo, que é o que agradou a muitos, que encontraram novamente nele minha famosa *coisa*; ou seja, algo atroz, que é trazido para fora do mar com a rede"[53].

A *coisa* é, para Lacan, uma *mancha*, uma *mácula* que *cai para fora da imagem, da representação*. Ela representa uma ruptura, um rasgo no interior dos códigos de ação e percepção

---

53. LACAN, J. *Die Ethik der Psychoanalyse* [A ética da psicanálise]. Berlim, 1995, p. 305.

estabelecidos que constituem o *simbólico*. Ela pertence ao *real* que se furta a toda representação [*Repräsentation*], a toda apresentação [*Vorstellung*]. A coisa é uma mancha, um detalhe que se destaca para fora do quadro da ordem simbólica, [e] a ordem simbólica é a narrativa que eu conto a *mim mesmo*. A coisa cai para fora dessa armação dietética, narrativa. Ela é *o inteiramente outro* pelo qual se é *visto*. Assim, se desencadeia a angústia: "É por meio disso que nós todos somos supremamente vistos/lidados, e que mostra como a angústia surge no ver no lugar do desejo que se encontra sob o comando de *a*"[54].

Em seu filme *Rear Window* [Janela traseira], Hitchcock encena o triunfo do olhar sobre o olho[55]. O fotógrafo preso a sua cadeira rolante, Jeff, contempla prazerosamente as imagens que a janela lhe dá a ver. O olhar infamiliar do outro lado do pátio logo rompe esse deleite

---

54. LACAN, J. *Die Angst* [A angústia]. Viena, 2010, p. 316.
55. Cf. ŽIŽEK, S. (ed.). Ein Triumph des Blicks über das Auge – Psychoanalyse bei Alfred Hitchcock [O triunfo do olhar sobre o olho – Psicanálise em Alfred Hitchcock]. Viena, 1992.

para os olhos. Thorwald, de quem Jeff suspeita pela morte de sua mulher, nota, de repente, que ele é observado por Jeff. O olhar de Thorwald, que é apreendido por Jeff, encerra a soberania do olho voyeurístico. A partir desse momento, a realidade não é mais uma imagem, um deleite dos olhos. Agora, Jeff está inteiramente entregue ao *olhar do outro*. Thorwald é a contrafigura do fotógrafo, cuja tarefa consiste em transformar a realidade em imagem, em um deleite para os olhos. O olhar de Thorwald é a *mancha* que se destaca para fora da imagem. Ele encarna o *olhar do outro*. Por fim, ele arromba a casa de Jeff. Jeff tenta cegá-lo com o *flash* da câmera – ou seja, aniquilar o seu *olhar*, banir o infamiliar de novo para a imagem –, no que, todavia, ele fracassa. O triunfo do olhar sobre o olho se consuma no momento em que Thorwald lança Jeff pela janela que antes oferecia um deleite para os olhos. Jeff *cai inteiramente para fora da imagem* e cai no chão do real. A *Rear Window* [janela traseira] se transforma, nesse momento, em *Real Window* [janela real].

O outro também se anuncia para Sartre pelo olhar. Sartre não limita o olhar ao olho humano. *Ser visto* constitui, antes, o aspecto central de ser-no-mundo. *O mundo é o olhar*. Mesmo o farfalhar dos galhos, uma janela que está meio aberta ou um movimento leve da cortina são percebidos como olhar[56]. Hoje, o mundo é muito pobre de olhar. Raramente nos sentimos vistos ou expostos a um olhar. O mundo se apresenta como deleite para os olhos, que tenta fazer com que o *curtamos*. A tela digital, igualmente, não tem nada da qualidade do olhar. O *Windows* é uma *janela sem olhar*. Ela nos protege, justamente, do olhar.

Faz parte do conjunto de sintomas da paranoia que se imagine olhares, por todos os lados se sinta visto de todos os lugares. Nisso, ela se distingue da depressão. A paranoia não é uma doença predominante hoje. Ela está vinculada à *negatividade do outro*. Quem é de-

---

56. SARTRE, J.-P. *Das Sein und das Nichts* – Versuch einer phänomenologischen Ontologie [O ser e o nada – Ensaio de uma ontologia fenomenológica]. Hamburgo, 1952, p. 344.

pressivo habita um espaço sem olhar, no qual nenhuma experiência do outro é possível.

No filme *Melancolia*, de Lars von Trier, Justine é curada da depressão no momento em que desperta nela um desejo pelo outro. Lars von Trier faz com que o planeta azul apareça, no céu noturno, como um *olhar do outro*, pelo qual Justina é *vista*. Ele desperta nela um desejo erótico. O olhar do outro a liberta de sua depressão e a transforma em alguém que ama.

O olhar desaparece, hoje, em muitos âmbitos. Também a dominação ocorre sem olhar. O panóptico de Bentham se apoia na dominação do olhar. Os seus prisioneiros estão inteiramente entregues ao olhar do vigia. A torre de vigilância é construída de tal modo que o vigia vê tudo, sem ser, ele mesmo, visto: "O panóptico é uma máquina para a separação do par ver/ser visto: no anel exterior, se é inteiramente visto, sem jamais ver; na torre central se vê tudo, sem jamais ser visto"[57]. Os prisioneiros veem apenas a silhueta da torre cen-

---

57. FOUCAULT, M. *Überwachen und Strafen* [Vigiar e punir]. Frankfurt am Main, 1982, p. 36.

tral. Eles não podem saber se são vigiados no momento. Assim, eles se sentem permanentemente *vistos*, mesmo quando o vigia não está lá. *A dominação do olhar é perspectivo-central.*

Também o estado de vigilância de Orwell erige uma *dominação do olhar*. O *Big Brother* é, como olhar, onipresente nas telas de TV. Ele vê tudo, sem ser, ele mesmo, visto. *A repressão se manifesta como olhar:* "O corredor cheirava a sopa de couve e tapetes remendados. De um lado, tinha-se uma placa colorida pendurada na parede; que era, na verdade, grande demais para [ficar] dentro. Ela não mostrava nada além de um rosto gigantesco, de mais de um metro de largura: o rosto de um homem por volta de 45 anos com um bigode escuro virulento e traços robustos. [...] Em cada degrau a placa encarava, diante do vão do elevador, com o rosto gigante da parede. Era uma daquelas imagens que parece seguir alguém por todos os lados com o *olhar*. *O grande irmão te vê*, dizia a linha de texto abaixo"[58].

---

58. ORWELL, G. *1984*. Berlim, 2004, p. 6s., destaque de B. Han.

O *medium* digital se distingue do *medium* ótico pelo fato de que ele é um *medium sem olhar*. Assim, também o panóptico digital, que não seria mais, na verdade, um *óptico*, não depende mais do olhar, da ótica perspectivo-central. Justo por isso, ele vê essencialmente mais; sim, mais fundo do que o panóptico analógico. A distinção entre centro e periferia perde, aqui, qualquer significado. O panóptico trabalha aperspectivamente. A iluminação aperspectiva é muito mais eficiente do que a vigilância perspectiva, pois se é iluminado de todos os lados; sim, mesmo de dentro. Pensamentos escapam ao olhar. Os pensamentos não escapam ao panóptico digital. O *Big Data* se vira inteiramente sem olhar. Em oposição à vigilância perspectivo-central, não há mais, na iluminação aperspectiva, nenhum ponto cego.

Por causa da falta do olhar repressivo, surge – e isso é uma distinção decisiva em relação à estratégia de vigilância da sociedade disciplinar – um sentimento enganoso de liberdade. Os prisioneiros do panóptico digital não se sentem *vistos*; ou seja, vigiados. Assim, eles se sentem livres e se expõem voluntariamente. O panóptico digital não limita a liberdade, mas a explora.

Voz

A voz vem *de algum outro lugar*, de *fora*, do *outro*. As vozes que se escuta se furtam a qualquer localização. As famosas teses de Derrida do fonocentrismo da metafísica ocidental, que veem na voz um lugar privilegiado da autopresença imediata, do presente imediato, e veem a proximidade particular da voz em relação ao sentido, ao *logos*, desconhecem inteiramente a exterioridade da voz. Como o olhar, ela é um meio que, justamente, mina a autopresença, a autotransparência, e inscreve no si o inteiramente outro, o desconhecido, o infamiliar.

Contos de Kafka como *Diante da lei* ou *O castelo* encenam sugestivamente a negatividade, a inacessibilidade, o segredo do *inteiramente outro* que se furta a toda representação. O *homem do campo* persiste até a morte diante do portão para a lei, sem, todavia, ter entrada.

A lei permanece cerrada para ele. Também o medidor de terras, K., não tem entrada para o castelo. Não é por acaso que o castelo se manifesta primeiramente como *voz*. Ele é o lugar do inteiramente outro. Depois de sua estadia na vila, K. liga para o castelo. O que lhe é dado a ouvir no telefone não é uma palavra compreensível, nenhuma fala, nenhum discurso, mas uma infamiliar, incompreensível *voz cantante que vem de longe*: "Do telefone veio um zumbido como K. jamais tinha ouvido ao telefonar. Era como se do zunido se formassem incontáveis vozes infantis – mas também esse zunido não era zunido algum, mas sim canto das distantes, das mais remotas vozes –, como se desse zunido, de um modo inteiramente impossível, se formasse uma única voz aguda, mas forte, que batia no ouvido como se ela exigisse penetrar mais fundo do que apenas no pobre ouvido. K. obedeceu sem conversar pelo telefone, ele apoiara o braço esquerdo no telefone, e assim escutava"[59].

---

59. KAFKA, F. Das Schloss [O castelo]. In: PASLEY, M. (ed.). *Kritische Ausgabe* [Edição crítica]. Frankfurt am Main, 1982, p. 36.

A voz penetrava em uma camada profunda que jaz abaixo da consciência. Também o olhar tem a mesma intensidade e efeito profundo. A misteriosa garçonete Frida tem "um olhar de particular superioridade". Ele penetra naquela esfera que se furta ao agir consciente. Ele se comunica com o outro no eu, com o eu como o outro: "Quando esse olhar recaiu sobre K., pareceu-lhe que esse olhar já realizara coisas que diziam respeito a K., da existência das quais ele mesmo jamais soube, da existência das quais, porém, o olhar o convenceu"[60].

Também a voz mina a autopresença. Ela cria um rasgo profundo no interior do sujeito, por meio do qual o inteiramente outro irrompe. No conto de Kafka, *Pesquisas de um cachorro*, fala-se de uma voz "diante da sublimidade da qual a floresta se silenciava". Ela fazia com que o ouvinte ficasse inteiramente *fora de si*. "E eu estava realmente inteiramente fora de mim. Em circunstâncias habituais, eu estaria profundamente doente, incapaz de me mo-

---

60. Ibid., p. 60.

ver, mas eu não podia resistir à melodia, que agora o cachorro parecia assumir como sua"[61].

A voz é, para Kafka, um meio privilegiado do outro, do inteiramente outro. Só uma *fraqueza*, uma *fraqueza metafísica*, uma *passividade originária* torna alguém receptível para a voz do outro. Em uma carta para Milena, Kafka compara os profetas com "crianças frágeis", que "escutavam como a voz as chamava" e sentiam "uma angústia de rasgar o cérebro"[62]. Eles são *fracos* diante da *poderosa* [*gewaltig*] *voz do outro*. Também o erotismo da voz consiste em que ela impede o "sujeito psicológico" de "se consolidar". Ela o torna *fraco*. Ele se extravia de si mesmo. Ela o leva à "perda de si"[63].

Hoje, não somos mais *crianças frágeis*. A fraqueza infantil como receptividade para o

---

61. KAFKA, F. Forschungen eines Hundes [Pesquisas de um cachorro]. In: *Kritische Ausgabe* [Edição crítica] – Nachgelassene Schriften und Fragmente [Escritos e fragmentos póstumos]. Vol. 2. Frankfurt am Main, 1992, p. 423-482, aqui, p. 479.

62. KAFKA, F. *Briefe an Milena* [Cartas para Milena]. Ed. por W. Haas. Frankfurt am Main, 1983, p. 39.

63. BARTHES, R. *Rauheit der Stimme* [A rispidez da voz]. In: *Der entgegenkommende und der stumpfe Sinn* [O sentido obtuso e complacente] – Kritische Essays III [Ensaios críticos III]. Frankfurt am Main, 1990, p. 269-278, aqui p. 277.

outro não corresponde à constituição da sociedade narcisista. O ego fortalecido, que é fomentado e explorado pelas relações de produção neoliberais, é cada vez mais separado do outro. A voz do outro ricocheteia inteiramente no ego pululante. A guinada narcisista da autorreferência nos torna inteiramente cegos e mudos diante do outro. Não escutamos mais a voz do outro no murmúrio digital do igual. Tornamo-nos, então, resistentes à voz e ao olhar.

Voz e olhar são, para Kafka, além disso, *sinais do corpo*. Uma comunicação sem esses *sinais do corpo* é apenas uma correspondência com espectros: "Como se chegou à ideia de que pessoas possam se corresponder por meio de cartas! Pode-se pensar em uma pessoa distante e pode-se segurar uma pessoa próxima; tudo diferente, está além das forças humanas. [...] Beijos escritos não chegam ao seu destino, mas são sorvidos pelos espectros no meio do caminho"[64]. Os meios de comunicação digi-

---

64. KAFKA, F. *Briefe an Milena* [Cartas para Milena]. Op. cit., p. 302.

tais têm muito menos corpo do que cartas. A escrita à mão é ainda um sinal corporal. Todos escritos digitais se equivalem. As mídias digitais aplainam, antes de tudo, o de frente ao outro. Elas substituem a proximidade e a distância pela ausência de distância.

Com a *rispidez da voz*, Roland Barthes caracteriza aquela corporeidade da voz que se furta a toda forma de representação [*Repräsentation*], tanto à representação como o pôr diante de si [*Vorstellung*] como também ao significado. Essa camada corporal profunda da voz não significa, de fato, nada; mas ela é responsável por um deleite: "Há algo aí, impossível de ignorar e contumaz (se ouve apenas *isso*), que está além (ou aquém) do significado das palavras [...] algo que é diretamente o corpo do cantor, que penetra em um único e mesmo movimento, a partir das profundezas das cavidades, músculos, mucosas e cartilagens [...] no ouvido, como se se estendesse pela carne interior do palestrante e por meio da música por ele cantada a uma e mesma pele"[65].

---

65. BARTHES, R. *Rauheit der Stimme* [A rispidez da voz]. Op. cit., p. 271.

Barthes distingue entre o fenocanto e o genocanto. A *rispidez da voz* inere ao genocanto, no qual se trata não da referência [*Bedeutung*], não do *significado* [*Signifikat*], mas do *deleite de seu mero significante*. O prazer tem pouco a ver com o significado. Ele se comunica corporalmente. O genocanto, relacionado ao corpo, é erótico e sedutor. Falta, em contrapartida, poder de sedução ao fenocanto, que se devota à estrutura, às leis, à comunicação, à exposição e à expressão: "Aqui, a alma acompanha o canto, não o corpo"[66]. No fenocanto, nem a língua, nem a mucosa são audíveis. Ele destaca apenas o *sentido* [*Sinn*], enquanto o genocanto faz o *sensível* [*Sinnliche*] ressoar. Falta ao fenocanto toda corporeidade, toda sensibilidade.

No genocanto, o que importa é *aplainar* as consoantes, "das quais se assume de bom grado que elas constituem a estrutura de nossa linguagem [...] e em relação às quais se prescreve sempre 'articular', separar, destacar, *para satisfazer a clareza do sentido*"[67]. No geno-

---

66. Ibid., p. 272.
67. Ibid., p. 273.

canto, as consoantes se tornam *mero alavancador das admiráveis vogais*. Vogais habitam o corpo deleitoso. Consoantes trabalham no sentido. A *verdade* da linguagem se encontra, porém, não em sua *funcionalidade* (clareza, expressividade, comunicação), mas no deleite e na sedução.

Também em Novalis, consoantes representam a prosa, o significado e a utilidade. *Consoado* significa inibido, limitado, estreitado. É estranha ao *espírito consoado* a negatividade do desconhecido, do cheio de mistério, do enigma. Sedutoras, poéticas, românticas são, em contrapartida, as vogais. As consoantes não permitem vaguear na distância: "A filosofia distante soa como poesia, pois cada clamor a distância se torna vogal"[68]. Hoje, certamente, vivemos em uma *época consoada*. A comunicação digital é uma comunicação consoada. Ela não tem mistério, enigma e poesia. Ela desfaz a distância em nome de uma ausência de distância e de proximidade.

---

68. NOVALIS. *Briefe und Werke* [Cartas e obras]. Ed. por P. Kluckhohn. Vol. 3. Berlim, 1943, n. 1.140.

As tensões no aparato psíquico, que resultam dos efeitos da proibição e da repressão, fazem com que surjam vozes. Assim, Daniel Paul Schreber, autor de *Feitos memoráveis de um doente dos nervos*, sente-se perseguido por vozes. Elas ressoam de um *lugar inteiramente outro*. Schreber fala de um "tráfego de vozes que parte de um outro lugar e que sugere uma origem sobrenatural". As vozes, que falam incessantemente com ele, são atribuídas a Deus: "Permanece, então, para mim, uma *verdade incontestável*, que Deus se *revelou novamente* todo dia e a toda hora por meio de conversas de vozes e maravilhas"[69]. Schreber adquire sinfonias, caixinhas de música ou acordeões orais, "a fim de, em certas ocasiões, se sobrepor à tagarelice das vozes e, assim, conseguir-me pelo menos um repouso provisório"[70]. A voz é um fantasma, um espírito. O que foi excluído e reprimido retorna como voz. A negatividade da negação e da repressão

---

69. SCHREBER, D.P. *Denkwürdigkeiten eines Nervenkranken* [Feitos memoráveis de um doente dos nervos]. Ed. por Samuel M. Weber. Frankfurt am Main, 1973, p. 352.

70. Ibid., p. 354.

é constitutiva para a voz. Na voz, o conteúdo psíquico reprimido retorna. Na sociedade em que a negatividade da repressão e da negação dá cada vez mais lugar à permissividade e à afirmação haverá cada vez menos vozes para se ouvir. Em contrapartida cresce, porém, a barulheira do igual.

A voz representa, frequentemente, uma instância superior, uma transcendência. Ela ressoa de *cima*, do *inteiramente outro*. Essa é a razão pela qual a moral se serve, frequentemente, da metáfora da voz. Inere à voz, além disso, uma exterioridade. A voz do mandamento moral vem do *exterior* interno. Já aquela voz de alerta, como instância moral que Sócrates teria sempre ouvido, vem de um *daemon*, de um outro infamiliar.

Também a razão de Kant se anuncia com uma voz de autoridade. A eticidade consiste em se submeter, contra a bem-aventurança, contra as inclinações sensíveis, inteiramente à "voz da razão", à "voz celestial"[71], que "também

---

71. KANT, I. Kritik der praktischen Vernunft [Crítica da razão prática]. In: WEISCHEDEL, W. (ed.). *Werke in 10 Bänden*. Op. cit., vol. 6, p. 146s.

faz tremer o infrator". Em Heidegger, entra, no lugar da razão, a "voz da consciência [*Gewissens*]"[72], que convoca o ser-aí a apanhar o seu "poder ser si mesmo mais próprio". Também aqui inere à voz uma exterioridade. Em *Ser e tempo*, Heidegger fala, em uma passagem, de maneira inteiramente inesperada, da "voz do amigo", "que cada ser-aí carrega consigo". O "ouvir da voz do amigo", segundo Heidegger, "constitui até mesmo a primeira e autêntica abertura do ser-aí para o seu poder ser mais próprio"[73]. Por que vem a voz do amigo? Por que Heidegger chama, aqui, onde se trata, justamente, da voz, pelo amigo? *O amigo é o outro*. Heidegger precisa aqui do outro, a fim de conseguir para a voz uma certa transcendência.

O Heidegger tardio faz da voz o *medium* do pensar em geral. O pensar se expõe a uma voz [*Stimme*] e se deixa afinar [*stimmen*] e definir [*be-stimmen*] por ela: "Esse escutado não está vinculado apenas com o ouvido, mas, ao

---

72. HEIDEGGER, M. *Sein und Zeit* [Ser e tempo]. Op. cit., p. 268.

73. Ibid., p. 163.

mesmo tempo, com o pertencimento do ser humano àquilo com que a sua essência está afinada. O ser humano permanece afinado com aquilo por meio de que a sua essência é de-finida. Na de-finição [*Be-stimmung*], o ser humano é afetado e chamado por uma voz que soa tão mais pura quanto mais silenciosamente ela ressoa através do enunciante"[74]. A voz ressoa de lá fora, do inteiramente outro ao qual o pensamento se expõe. Voz e olhar são o *medium* no qual o ser como o outro do ente, que, todavia, lhe afina e de-*fine*, se manifesta. Assim, Heidegger fala da "mesmidade da voz e do olhar"[75]. Pertence ao pensar o Eros como esforço pelo outro: "É difícil de dizer o outro, inseparável de outra forma de meu amor por ti e do meu pensamento. Eu o chamo de Eros, o mais antigo dos deuses segundo a palavra de Parmênides. A batida de asas daquele deus me toca toda vez quando faço um passo essencial

---

74. HEIDEGGER, M. *Der Satz vom Grund* [O princípio da razão suficiente]. Op. cit., p. 91.

75. HEIDEGGER, M. Erläuterungen zu Hölderlins Dichtung [Explicações sobre a poesia de Hölderlin]. In: *Gesamtausgabe* [Obras completas]. Vol. 4. Frankfurt am Main, 1991, p. 168s.

no pensamento e me aventuro no nunca antes percorrido"[76]. O pensamento tem de se entregar à negatividade do outro e se entregar ao nunca antes percorrido. Caso contrário, ele se degrada em uma operação positiva que perpetua o igual.

Também para Paul Celan é constitutiva à poesia a voz, que vem do outro, do *tu*. A poesia começa lá, onde a linguagem se torna *dotada de voz* [*stimmhaft*]. Ela se ergue com o encontro com o outro. "Vai-se então, quando se pensa em poesias, vai-se então com poesias por tais vias. Seriam essas vias [*Wege*] apenas des-vios [*Umwege*], desvios de ti para ti? Mas elas são também ao mesmo tempo, entre tantas outras vias, vias nas quais a linguagem se torna dotada de voz, são encontros, caminhos de uma voz para um tu perceptor"[77].

Da câmara de eco digital, na qual se ouve sobretudo *a si mesmo* falar, desaparece, cada

---

[76]. *Briefe Martin Heideggers an seine Frau Elfriede, 1915-1970* [Cartas de Martin Heidegger a sua esposa Sra. Elfriede, 1915-1970]. Munique, 2005, p. 264.

[77]. CELAN, P. *Der Meridian* – Endfassung-Entwürfe-Materialien [*O meridian* – Versão final-esboços-materiais]. Ed. por B. Böschenstein et al. Frankfurt am Main, 1999, p. 11.

vez mais, a *voz do outro*. Hoje, o mundo é, por causa da ausência do outro, menos *dotado de voz*. Em oposição ao tu, o isso não tem voz. Do isso não parte nem uma alocução, nem uma vista. O desvanecimento do *de frente* faz do mundo sem voz e sem olhar.

O mundo digital é muito pobre de olhar e de voz. Contatos [*Verbindungen*] e conexões [*Vernetzungen*] são produzidos sem olhar e sem voz. Nisso eles se distinguem de relações e encontros, que dependem da voz e do olhar. Sim, eles são experiências especiais de voz e de olhar. Eles são *experiências corporais*.

O meio digital atua de modo descorporificante. Ele toma da voz a sua *rispidez*, a sua corporeidade; sim, a profundidade das cavidades, músculos, mucosas e cartilagens. A voz é *alisada*. Ela se torna *transparente* de significado. Ela se reduz inteiramente ao *significado*. Essa voz lisa, sem corpo e transparente, não *seduz* e não produz nenhum deleite. A sedução se baseia no *excesso de significante*, que não se deixa reduzir ao significado. Ela remete ao "deleite de seu mero significante", que não *significa* nada, não comunica nenhuma informação. A sedução ocorre e em um espaço no qual circulam significantes, sem que eles sejam *postos* pelo significado. O significado unívoco não seduz. E o lugar do deleite é a pele que se contrai com o significado. Também o segredo não é simplesmente um significado encoberto, escondido, mas um excesso de significante que não se deixar dissolver no significado. Ele não é desvelável, pois ele é, também se poderia dizer, o *próprio véu*.

Linguagem do outro

Na série de quadros de Jeff Koons *Easyfun-Ethereal* são reunidos todos os tipos de artigos de consumo no computador, em coloridas imagens. Tortinhas, linguiças, cereais, roupas íntimas e perucas voam no ar, emaranhando-se umas nas outras. Os seus quadros espelham a nossa sociedade, que se tornou um depósito de mercadorias. Ela está entupida com coisas de vida curta e propagandas. Ela perdeu toda alteridade, toda estranheza [*Fremdheit*]. Assim, também não é mais possível nenhum espanto. A arte de Jeff Koons, que se funde inteiramente com a cultura de consumo, eleva o consumo a uma figura de redenção. A escultura *Baloon Venus*, em posição de parto, pare, até mesmo, um novo redentor. Em seu ventre se encontra uma garrafa de champagne *Dom Pérignon Rosé Vintage 2003*.

A "estranheza em relação ao mundo" é, para Adorno, um momento da arte. Quem percebe o mundo de outra maneira senão como estranho não o percebe de modo algum. Uma tensão negativa é essencial para a arte. Assim, não haveria, para Adorno, uma arte do bem-estar. A estranheza é, igualmente, um momento da filosofia. Ela inere ao próprio *espírito*. Assim, o espírito é, segundo sua essência, *crítica*.

Na sociedade do curtir, tudo se torna curtível, também a arte. Assim, desaprendemos, hoje, o espanto: "quanto mais amplamente os seres humanos, o que é diferente do espírito subjetivo, esticaram a rede categorial, mais profundamente eles se desabituaram do espanto com aquele outro, mais se enganaram com crescente familiaridade em relação ao estranho. A arte busca, fragilmente, como com um gesto ligeiramente fatigante, remediar isso. *A priori*, ela traz os seres humanos ao espanto [...]"[78]. Estende-se hoje, pelo mundo, redes di-

---

78. ADORNO, T.W. Ästhetische Theorie [Teoria estética]. In: TIEDEMANN, R. (ed.). *Gesammelte Schriften* [Obras completas]. Vol. 7. Frankfurt am Main, 1970, p. 191.

gitais, que não permitem nada senão o espírito subjetivo. Surgiu, assim, um campo de visão familiar, do qual toda negatividade do estranho e do outro é eliminado, uma câmara de eco digital, na qual o espírito subjetivo se confronta apenas consigo mesmo. Ele cobre, por assim dizer, o mundo com a sua própria retina.

A tela digital não permite nenhum espanto. Com a crescente familiaridade perde-se todo potencial de espanto que anima o espírito. Arte e filosofia têm uma obrigação de desfazer a traição com o estranho, com aquilo que é diferente do espírito subjetivo; ou seja, libertar o outro da rede categorial do espírito subjetivo, restaurar a ele a *alteridade que provoca estranheza e é digna de espanto*.

Um caráter de enigma caracteriza a arte: "no fim, continua a viver, no caráter de enigma, por meio do qual a arte se opõe à existência inquestionada dos objetos de ação do modo mais ríspido, o próprio enigma"[79]. O objeto de ação é um produto do sujeito de ação, que não é capaz do espanto. Apenas a "consi-

---

79. Ibid.

deração sem violência", a "proximidade na distância", sim, a *proximidade da distância* liberta as coisas das coações do sujeito de ação. O belo se mostra apenas ao longo olhar contemplativo. Onde o sujeito de ação se retira, onde o seu ímpeto cego pelo objeto é interrompido, as coisas recuperam a sua alteridade, o seu caráter de enigma, a sua estranheza, o seu segredo.

Também para Celan, a arte preserva o infamiliar. Ela surte um "sair do humano, um se entregar a um âmbito infamiliar voltado para o humano"[80]. A arte está, nisso consiste a sua existência paradoxal, em casa no infamiliar. As imagens [Bilder] poéticas são i-maginações [*Ein-bildung*] em um sentido extraordinário. Elas são "i-maginações como inclusões vislumbráveis do estranho na visão do familiar"[81]. Uma escuridão inere à poesia. Ela dá testemunho da presença nela guardada do estranho. Ela é a "escuridão atribuída à poesia por causa de um encontro a partir de uma –

---

80. CELAN, P. *Der Meridian* [O meridiano]. Op. cit., p. 5.
81. HEIDEGGER, M. *Vorträge und Aufsätze* [Conferências e artigos]. Op. cit., p. 195.

talvez autoprojetada – distância ou [a partir de um] estranho"[82]. A i-maginação poética, a fantasia poética, imagina o estranho no igual. Sem inclusões do estranho, o igual se perpetua. No inferno do igual, a imaginação poética está morta. Peter Handke invoca Celan, quando nota: "A grande fantasia – passa; cuida, porém, por inclusões decompositoras"[83]. Por causa de suas inclusões do estranho, a fantasia desestabiliza o igual, a *identidade do nome*: "A fantasia me penetra (a), me transforma em ninguém (b) e me faz falante (c)"[84]. O poeta como falante sem nome e que não é ninguém fala *em nome do outro, do inteiramente outro*.

A arte pressupõe a autotranscendência. Quem tem a arte em mente é esquecido de si. A arte cria uma *distância do eu*[85]. Esquecida de si, ela se entrega ao infamiliar e ao estranho: "Talvez – eu pergunto apenas –, a poesia vá, como a arte, com um eu esquecido de si, para

---

82. CELAN, P. *Der Meridian* [O meridiano]. Op. cit., p. 7.
83. HANDKE, P. *Die Geschichte des Bleistifts* [A história do lápis]. Frankfurt am Main, 1985, p. 353.
84. Ibid., p. 346.
85. CELAN, P. *Der Meridian* [O meridiano]. Op. cit., p. 6.

aquele infamiliar e estranho"[86]. Hoje, não habitamos mais poeticamente a Terra. Nos instalamos em uma zona de bem-estar digital. Somos tudo, menos sem nome e esquecidos de si. Todo estranho, todo infamiliar está perdido para a rede digital habitada pelo ego. A ordem digital não é poética. Nela, nos movimentos no espaço numérico do igual.

A hipercomunicação atual reprime o livre-espaço do silêncio e da solidão, unicamente no qual seria possível dizer coisas que realmente valeria a pena serem ditas. Ela reprime a *linguagem*, da qual o silêncio faz essencialmente parte. A linguagem se ergue de uma *quietude*. Sem ela, ela é apenas uma barulheira. Inere à poesia, segundo Celan, uma "forte tendência para o emudecer-se. A barulheira de comunicação não possibilita a *escuta*. A *natureza*, como princípio poético, se abre apenas na passividade originária da escuta. "Sobre a fala recorrente de Hyperion diante da natureza: 'Todo meu ser se emudece e escuta': o ser

---

86. Ibid.

emudecido tem, de fato, a ver com a 'escuta', não com o 'ver'"[87].

O escritor francês Michel Butor constata uma crise atual da literatura e a compreende como uma crise do espírito: "Há dez ou vinte anos não acontece quase mais nada na literatura. Há uma enchente de publicações, mas uma estagnação espiritual. A causa é uma crise da comunicação. Os novos meios de comunicação são dignos de admiração, mas eles causam uma barulheira descomunal"[88]. A voz silenciosa do outro rui, hoje, até o fundamento na barulheira do igual. A crise da literatura remete, em última instância, à expulsão do outro.

Poesia e arte estão [sempre] a caminho do *outro*. O desejo pelo outro é o seu traço essencial. No discurso do meridiano, Celan relaciona a poesia expressamente ao outro: "[...] eu penso que pertence desde sempre às esperanças da poesia [...] falar *de uma outra coi-*

---

87. HANDKE, P. *Die Geschichte des Bleistifts* [A história do lápis]. Op. cit., p. 352.

88. Entrevista para o *Zeit* de 12/07/2012.

sa – quem sabe, de uma coisa *inteiramente outra*"[89]. A poesia acontece somente no encontro com um outro, no mistério do encontro, em vista de um de frente: "A poesia quer [chegar a] um outro, ela precisa desse outro, ela precisa de um de frente. Ela o procura por ele, ela se entrega a ele. Toda coisa, todo ser humano é, para a poesia que se dirige ao outro, uma figura desse outro"[90]. Não apenas todo ser humano, mas também toda coisa é um de frente. A poesia também chama por uma coisa, confronta-a em sua alteridade, entra em uma relação dialógica com ela. Para a poesia, tudo aparece como um *tu*.

Desaparece cada vez mais, da percepção e comunicação atuais, o de frente como a presença do outro. O de frente se degrada cada vez mais no espelho em que se espelha a si mesmo. Toda atenção cabe ao ego. É, certamente, a tarefa da arte e da poesia *desespelhar* a percepção, abri-la para o de frente, para os outros, para o outro. A política e a economia

---

89. CELAN, P. *Der Meridian* [O meridiano]. Op. cit., p. 8.
90. Ibid., p. 9.

da atenção atuais a dirigem para o ego. Ela serve a uma autoprodução. Ela é cada vez mais retirada do outro e direcionada ao ego. Hoje, concorremos sem piedade pela atenção. Somos, uns para os outros, vitrines que lutam por atenção.

A *poética* da atenção se Celan se opõe à *economia* atual da atenção. Ela se dedica exclusivamente ao outro: "A atenção – me permita, aqui, citar, segundo o ensaio sobre Kafka de Walter Benjamin, uma palavra de Malebranche – é a prece natural da alma". A alma está sempre em postura de prece. Ela está em busca. Ela é um clamor em prece pelo outro, pelo inteiramente outro. Também, segundo Lévinas, a atenção significa um "mais de consciência", que "pressupõe o chamado pelo outro". Ser atento significa o "reconhecimento da maestria do outro"[91]. Hoje, a economia da atenção recobre inteiramente tanto a poética da atenção como também a ética da atenção. Ela conduz uma traição do outro. A economia

---

91. LÉVINAS, E. *Totalität und Unendlichkeit* – Versuch über Exteriorität [Totalidade e infinitude – Ensaio sobre a exterioridade]. Friburgo/Munique, 1987, p. 259.

da atenção totaliza o tempo do si. A poética da atenção descobre o tempo próprio e mais próprio ao outro, o *tempo do outro*. Ela "permite a ele, ao outro, compartilhar o que lhe é mais próprio: o seu tempo"[92].

A poesia busca o diálogo com o outro: "A poesia se torna poesia de alguém – ainda – perceptor, voltado para o que aparece, inquiridor e engajador do que aparece; ela se torna diálogo – frequentemente ela é um diálogo desesperado"[93]. A poesia é um acontecimento dialógico. A comunicação atual é extremamente narcisista. Ela ocorre inteiramente sem o tu, sem nenhum clamor pelo outro. Na poesia, em contrapartida, eu e tu se produzem reciprocamente: "Só no espaço desse diálogo se constitui o abordado, reunindo-se em torno do eu que o nomeia e o aborda. Mas, nesse presente, o abordado e que, por meio da nomeação, por assim dizer, devém tu, traz consigo também o seu ser-outro"[94].

---

92. CELAN, P. *Der Meridian* [O meridiano]. Op. cit., p. 9s.
93. Ibid., p. 9.
94. Ibid.

A comunicação atual não permite *dizer tu*, chamar o *outro*. O clamor pelo outro como tu pressupõe uma "distância originária"[95]. A comunicação digital, [porém,] dedica-se, justamente, a eliminar toda distância. Por meio das mídias digitais, buscamos, hoje, aproximar o outro tanto quanto possível. Assim, não temos mais do outro. Antes, levamos-lhe ao desaparecimento.

O clamor pelo outro como tu não é, além disso, sem seus riscos. É preciso estar preparado para se expor à alteridade e outridade do outro. *Momentos de tu* no outro se furtam a toda garantia. Eles são "perigosamente arrebatadores ao extremo, desvencilhantes do contexto experimentado, deixam para trás mais perguntas do que satisfação, estremecem a certeza, de fato infamiliares, e, de fato, indispensáveis"[96]. A comunicação atual se esforça para eliminar ao outro aqueles *momentos de tu* e para nivelá-lo ao "isso"; ou seja, ao igual.

---

95. Cf. BUBER, M. *Urdistanz und Beziehung* [Distância originária e relação]. Heidelberg, 1978.

96. BUBER, M. *Ich und Du* [Eu e Tu]. Stuttgart, 1995, p. 34.

O pensamento do outro

Ser-si-mesmo [*Selbst-Sein*] não significa, simplesmente, ser livre. O si é também um peso e um fardo. Ser-si-mesmo é estar-enfardado-consigo-mesmo. Emmanuel Lévinas escreve sobre o caráter de fardo do ser-si-mesmo. "Nas descrições psicológicas e antropológicas, isso é traduzido pelo fato de que o *eu* já está acorrentado a si mesmo, de que a liberdade do *eu* não é leve como a misericórdia, mas sim desde sempre peso, de que o eu é inevitavelmente um Se [*Sich*]"[97]. O pronome reflexivo *se* (*soi*) significa que o Eu está acorrentado ao fardo de um pesado *doppelganger*, que o Eu está enfardado com um peso, com um sobrepeso de que ele não pode se livrar enquanto ele existir. Essa constituição existencial se ma-

---

97. LÉVINAS, E. *Die Zeit und der Andere* [O tempo e o outro]. Hamburgo, 1984, p. 30.

nifesta como *cansaço* (*fatigue*). O cansaço tem "seu lugar não apenas em uma mão que solta o peso que ela levanta cansadamente, mas também em uma mão que se prende àquilo que ela solta, mesmo quando ela já renunciou a ele"[98]. A depressão se deixa compreender como um desenvolvimento patogênico dessa ontologia *moderna* do si. Ela é, como expressa Alain Ehrenberg, a *Fatigue d'être soi* [cansaço de ser si mesmo]. Nas relações de produção neoliberais, esse fardo ontológico cresce até se tornar imensurável. A maximização do fardo tem, em última instância, a finalidade de maximizar a produção.

O ser-aí de Heidegger nunca fica cansado. O incansável poder, a ênfase do poder-ser-si-mesmo domina a sua ontologia do si. Mesmo a morte é compreendida por Heidegger como uma *possibilidade* extraordinária de apanhar o seu si mais próprio. Em vista da morte, desperta um enfático Eu-Sou. Para Lévinas, a morte se manifesta, consequentemente, como

---

98. LÉVINAS, E. *Vom Sein zum Seienden* [Do ser ao ente]. Friburgo/Munique, 1997, p. 40.

não poder/poder, como uma passividade radical. Ela é a *impossibilidade* pura e simplesmente. Ela se anuncia como aquele acontecimento em vista do qual o sujeito renuncia a todo heroísmo do si, a todo a poder, a toda possibilidade, a toda iniciativa: "No sofrimento no interior do qual apreendemos a vizinhança da morte – e ainda no âmbito do fenômeno – há essa inversão da atividade do sujeito em passividade"[99]. O não poder-poder em vista da morte equivale à relação ao outro, que Lévinas chama de Eros. O Eros é, segundo Lévinas, "inteiramente como a morte". Ele é uma relação ao outro que "é impossível de traduzir no poder [Können]"[100]. Justo a passividade do não poder/poder abre o acesso ao outro.

O poder é o *verbo modal do eu* pura e simplesmente. A totalização do poder, forçada hoje pelas relações de produção neoliberais, fazem do eu cego para o outro. Ela leva a uma expulsão do outro. Burnout e depressão são o

---

99. LÉVINAS, E. *Die Zeit und der Andere* [O tempo e o outro]. Op. cit., p. 45.

100. Ibid., p. 58.

deserto que o poder [*Können*] destrutivo deixa para trás.

O não poder/poder se exterioriza como um outro cansaço, como um *cansaço pelo outro*. Ele não é mais um *cansaço do eu*. Assim, Lévinas fala agora, em vez de *fatigue*, de *lassitude*. O "cansaço originário" (*lassitude primordiale*)[101] caracteriza uma passividade radical que se furta a toda iniciativa do eu. Ela introduz o *tempo do outro*. O cansaço primordial abre espaço inacessível a todo poder, a toda iniciativa. Eu sou fraco em vista do outro. Justo nessa *fraqueza metafísica* do não poder/poder desperta um desejo pelo outro. Mesmo se o sujeito satisfez todas as [suas] necessidades, ele está em busca do outro. Necessidades vigoram para o eu. A órbita do desejo se encontra fora do si. Ele é livre da gravitação do *se* [*sich*], que afunda o Eu cada vez mais fundo em si mesmo.

Só o Eros tem condição de libertar o eu da depressão, do envolvimento narcisista consigo

---

101. LÉVINAS, E. *Jenseits des Seins oder anders als Sein geschieht* [Além do ser ou algo outro do que o ser ocorre]. Friburgo/Munique, 1992, p. 124.

mesmo. *O outro* é, visto assim, uma fórmula de redenção. Apenas o Eros que me arranca para fora de mim e para o outro pode vencer a depressão. O sujeito depressivo de desempenho é inteiramente desacoplado do outro. O desejo do outro, sim o *clamor* pelo outro ou a "conversão" para o outro[102] seriam um antidepressivo metafísico, que rompem a casca narcisista do eu.

Confrontar-se com um ser humano significa, segundo Lévinas, "ser desvelado por um enigma"[103]. Hoje, perdeu-se para nós essa experiência do outro como enigma ou mistério. O outro está inteiramente submetido à teleologia do usar, ao cálculo e avaliação econômica. Ele se torna *transparente*. Ele é degradado a um objeto econômico. O *outro como enigma*, em contrapartida, furta-se a qualquer utilização [econômica].

---

102. Ibid., p. 132.

103. LÉVINAS, E. *Die Spur des Anderen* – Untersuchungen zur Phänomenologie und Sozialphilosophie [O rastro do outro. Investigações sobre fenomenologia e filosofia social]. Friburgo/Munique, 1983, p. 120.

O amor pressupõe sempre uma alteridade e, de fato, não apenas a alteridade do outro, mas também a alteridade da própria pessoa. A duplicidade da pessoa é constitutiva para o amor por si mesmo: "O que é, afinal, o amor, senão entender e se alegrar com o fato de que um outro vive, atua e sente de uma maneira diferente e oposta a nós? Para que o amor supere as oposições por meio da alegria, ele não pode suprimi-las, negá-las. – Mesmo o amor-próprio contém uma inconfundível duplicidade (ou multiplicidade) em uma pessoa como pressuposto"[104].

Onde toda duplicidade é apagada, afogamo-nos no si. Sem nenhuma duplicidade nos fundimos com nós mesmos. Essa fusão narcisista de núcleo é fatal. Também Alain Badiou chama o amor de "Palco dos dois"[105]. Ele torna possível recriar o mundo a partir da perspectiva do outro e abandonar o familiar. Ele é um

---

104. NIETZSCHE, F. Menschliches, Allzumenschliches II [Humano, demasiado humano II]. In: *Kritische Gesamtausgabe* [Edição crítica completa]. Vol. IV.3. Berlim, 1967, p. 408.

105. BADIOU, A. *Lob der Liebe* – Ein Gespräch mit Nicolas Truong [Elogio do amor – Um diálogo com Nicolas Truong]. Viena, 2011, p. 39.

acontecimento que permite que algo inteiramente outro comece. Hoje, em contrapartida, habitamos o *Palco do um*.

Em vista do ego doentiamente aumentado, que é cultivado pelas relações de produção neoliberais e explorado para o aumento da produtividade, faz-se necessário tomar a vida novamente da perspectiva do outro, da relação ao outro, e conceder ao outro uma prioridade ética, *escutar e responder ao outro*. A linguagem como *dizer* (*dire*) é, para Lévinas, nada mais senão "responsabilidade de alguém pelo outro"[106]. Aquela "linguagem pré-originária" como linguagem do outro rui até o seu fundamento na barulheira da hipercomunicação.

---

106. LÉVINAS, E. *Jenseits des Seins oder anders als Sein geschieht* [Além do ser ou algo outro do que o ser ocorre]. Op. cit., p. 29s.

Escutar

No futuro haverá possivelmente, uma profissão que se chamará *escutador* [*Zuhörer*]. Em troca de pagamento se fornecerá, ao outro, a escuta. Vai-se ao escutador pois, caso contrário, mal haverá outra pessoa que escutará o outro. Hoje, perdemos cada vez mais a capacidade de escuta. Sobretudo o foco crescente no ego, a narcisificação da sociedade, o dificulta. Narciso não responde à voz amável da ninfa, que seria, na verdade, a voz do outro. Assim, ela degenera na repetição da própria voz.

O escutar não é um ato passivo. Uma atividade especial o caracteriza. Eu tenho, primeiramente, de dar boas-vindas ao outro; ou seja, afirmar o outro em sua alteridade. Então, eu o presenteio com a escuta. O escutar é um presentear, um dar, um dom. Só ele traz o outro primeiramente à fala. Ele não segue passivamente o discurso do outro. Em certo sentido, o escutar antecede a fala. Só o escutar traz o outro à fala. Eu já escuto antes que o outro fale, ou eu escuto para que o outro fale. O escutar convida o outro a falar, liberta-o em sua alteridade. O escutador é um espaço de ressonância no qual o outro *fala livremente*. Assim, o escutar pode ser curativo.

Elias Canetti eleva Hermann Broch a um escutador ideal, que altruisticamente *presenteia* o outro com a sua escuta. Seu silencio hospitaleiro, de quem escuta, convida o outro a *falar livremente*: "Seria possível dizer-lhe qualquer coisa, ele não rejeitava nada; só sentia repulsa enquanto não lhe tivesse dito absolutamente nada. Enquanto, geralmente, em tais diálogos, chega-se a um lugar, onde se diz para si, com um solavanco repentino, 'Pare!', 'Até aqui apenas, e não mais!', uma vez que a renúncia que se teria desejado se torna perigosa – pois como se encontraria o caminho de volta para si e como se deveria estar novamente sozinho depois disso? –, nunca havia esse lugar e esse instante em Broch; não gritava para parar, em nenhum lugar se esbarrava em um sinal de alerta ou em uma marcação, se tropeçava adiante, mais velozmente, e se estava como que inebriado. É sobrepujante vivenciar o quanto se tem para falar de si mesmo; quanto mais nos atrevemos e nos perdemos, tanto mais se flui"[107]. O silêncio de Broch é afável [*freundlich*]; sim, hospitaleiro [*gastfreundlich*]. Ele se retira inteiramente para [dar lugar para] o outro. Ele se torna inteiramente ouvidos, sem uma boca incômoda.

O silêncio de Broch é um silêncio hospitaleiro, que se distingue do silêncio de um analista [*Analytikers*], que ouve a tudo, em vez de escutar o outro. O escutador hospitaleiro se esvazia em um espaço de ressonância do outro, que libera esse espaço para si. Apenas o escutar pode curar.

O silêncio do escutador só é, segundo Canetti "interrompido [por] pequenas pontuações com a respiração, que dão testemunho de que não se ouve apenas, de que se foi registrado, assim como se com cada frase que se

---

107. CANETTI, E. *Das Augenspiel* – Lebensgeschichte, 1931-1937 [O jogo dos olhos – Biografia, 1931-1937]. Munique, 1985, p. 36.

tivesse dito se tivesse entrado em uma casa e se deixado se instalar lá prolixamente". Esses pequenos sons de respiração são sinais de hospitalidade, um *encorajamento* que vem sem julgamento. Eles são um mínimo de reação, pois palavras e frases inteiramente formadas já seriam um juízo e já se comparariam a uma tomada de posição. Canetti aponta para uma *parada* peculiar, que se iguala a uma suspensão do juízo. O escutador se abstém de um juízo, como se todo juízo [*Urteil*] equivalesse a um preconceito [*Vorurteil*], que seria uma traição com outro.

A arte da escuta se realiza como uma arte da respiração. O registro hospitaleiro do outro é um inspirar que, todavia, não incorpora o outro, mas sim o acolhe e o protege. O escutador se esvazia. Ele se torna ninguém. Sua afabilidade consiste nesse vazio: "Ele parecia registrar as coisas mais diferentes possíveis, a fim de protegê-las"[108].

A postura responsável do escutador frente ao outro se expressa como *paciência*. A *passi-*

---

108. Ibid., p. 32.

vidade da paciência é a primeira máxima do escutar. O escutador se expõe sem reservas ao outro. O *estar-exposto* [*Ausgesetzheit*] é uma outra máxima da ética do escutar. Apenas ela impede que se *curta a si mesmo*. O *ego* não consegue escutar. O espaço do escutar como espaço de ressonância do outro se abre onde o ego é suspenso. No lugar do ego narcisista entra uma obsessão pelo outro, um desejo pelo outro.

O cuidado da escuta vale para o outro e, de fato, em oposição ao cuidado de Heidegger, o cuidado consigo mesmo. Por cuidado, Canetti quer escutar o outro. Só o escutar possibilita ao outro o falar: "O mais importante é o falar com desconhecidos. É preciso organizar tudo, contudo, de modo que eles falam, e tudo que se faz aí é trazê-los à fala. Se não é possível fazer isso, então se começou a morte"[109]. Essa morte não é *minha* morte, mas a morte do outro. Meu discurso, meu juízo, mesmo minha admiração, fazem sempre com que morra algo do outro: "Deixe todos falarem: você não fala;

---

109. CANETTI, E. *Die Provinz des Menschen* – Aufzeichnungen, 1942-1972 [A província do ser humano – Registros, 1942-1972]. Munique, 1970, p. 307.

suas palavras tomam das pessoas a sua figura. A sua admiração apaga suas fronteiras; elas não se conhecem mais, se você fala; elas são você"[110].

A cultura do curtir rejeita toda forma de ferida e trepidação. Quem, porém, quer se esquivar de toda ferida, não experimenta nada. Pertence a toda experiência profunda, a todo conhecimento a negatividade da ferida. O mero curtir é o estágio de atrofia absoluta da experiência. Elias Canetti distingue dois tipos de espíritos, "aqueles que se instalam nas feridas, e aqueles que se instalam em casas"[111]. A ferida é a abertura por meio da qual o outro entra. Ela também é o ouvido que se mantém aberto para o outro. Quem está inteiramente consigo em casa, quem se fecha em casa, não consegue escutar. A casa protege o ego do assalto do outro. A ferida rompe a interioridade doméstica, narcisista. Assim, ela se torna a porta aberta para o outro.

---

110. CANETTI, E. *Die Fliegenpein* – Aufzeichnungen [O sofrimento das moscas – Anotações]. Munique, 1992, p. 64.

111. CANETTI, E. *Die Provinz des Menschen* [A província do ser humano]. Op. cit., p. 314.

Na comunicação analógica, temos, via de regra, um destinatário concreto, um de frente pessoal. A comunicação digital promove, em contrapartida, uma comunicação expansiva, impessoal, que se dá sem um de frente pessoal, sem olhar e sem voz. No Twitter, por exemplo, enviamos, constantemente, mensagens. Mas elas não são direcionadas a uma pessoa concreta. Elas não *visam a* ninguém. Mídias sociais não promovem necessariamente uma cultura de discussão. Elas são, frequentemente, conduzidas pelo afeto. *Shitstorms* são uma enchente desordenada de afetos, que não constitui nenhuma esfera pública.

Eu obtenho informações pela internet e, para isso, não preciso me voltar para um de frente pessoal. Eu não me apresento no espaço público para obter informações ou mercadorias. Antes, deixo que elas venham até mim. A comunicação digital me conecta, mas me isola ao mesmo tempo. Ela aniquila, de fato, a distância, mas a ausência de distância não produz ainda uma proximidade pessoal.

Sem a presença do outro, a comunicação se degrada em uma troca acelerada de informações. Ela não produz uma *relação*, mas sim apenas uma *conexão*. Ela é uma comunicação sem *vizinho*, sem nenhuma *proximidade* avizinhada. Escutar significa algo completamente diferente de troca de informações. Na escuta, não ocorre, de modo nenhum, nenhuma troca. Sem vizinhança, sem escuta, não se constitui uma comunidade. A *comunidade é* [uma] *comunidade de escutadores* [*Zuhörerschaft*].

No Facebook não se fala de problemas que podemos abordar e discutir juntos. Enviam-se, antes de tudo, propagandas, que não carecem de discussão e servem apenas para obter o perfil do remetente. Assim, não se chega a imaginar que o outro poderia ter dores e preocupações. Na comunidade do *like*, nos encontramos apenas com nós mesmos ou com nossos iguais. Também nenhum *discurso* [*Diskurs*] é possível aí. O espaço político é um espaço em que eu me confronto com outros, falo com outros e os escuto.

O escutar tem uma dimensão política. Ele é uma ação, participação ativa na existência do outro e também no seu sofrimento. Só ele liga e medeia os seres humanos primeiramente em uma comunidade. Hoje, ouvimos muito, mas desaprendemos cada vez mais a habilidade de escutar outros e de dar escuta à sua fala, ao seu sofrimento. Hoje, cada um está, de algum modo, sozinho consigo, com seus sofrimentos, com suas angústias. O sofrimento é privatizado e individualizado. Assim, ele se torna um objeto da terapia, que tentar curar o eu, a sua *psyché*. Todos se envergonham, culpam apenas a si mesmos por sua fraqueza e insuficiência. Não se produz nenhuma ligação entre meu sofrimento e seu sofrimento. Ignora-se, assim, a *socialidade do sofrimento*.

A estratégia de dominação consiste, hoje, em privatizar o sofrimento, a angústia, e, assim, ocultar sua socialidade; ou seja, impedir a sua *socialização*, a sua *politização*. A politização significa a tradução do privado no público. Hoje, se dissolve, antes, o público no privado. A esfera pública se decompõe em espaços privados.

Desaparece radicalmente a constituição de uma vontade política, de um espaço público, de uma comunidade do escutar, de uma *comunidade política de escutadores*. A conexão digital favorece esse desenvolvimento. A internet não se manifesta hoje como um espaço do agir comum e comunicativo. Antes, ela se degrada em espaços de exposição do eu, nos quais se promove, antes de tudo, a si mesmo. A internet não é, hoje, senão a câmara de ressonância do si isolado. Nenhuma propaganda escuta.

Pode-se elaborar, a partir de *Momo*, de Michael Ende, uma ética do escutar. Primeiramente, Momo caracteriza uma riqueza de tempo: "Tempo era, afinal, a única coisa de que Momo era rico". O tempo de Momo é um tempo especial. Ele é o tempo do outro; a saber, o tempo que ela dá aos outros ao escutá-los. Momo é admirada por sua capacidade de escutar. Ela aparece como *Escutadora*: "O que a pequena Momo podia como ninguém era escutar. Isso não é nada de especial, talvez alguns leitores digam; qualquer um pode escutar. Mas isso é um engano. Apenas poucas pessoas conseguem realmente escutar. E o modo como a Momo se entendia com o escutar era inteiramente único". Momo simplesmente senta e escuta. O seu escutar faz, porém, milagres. Ela faz as pessoas pensarem coisas que elas nunca teriam pensado sozinhas. O seu escutar lembra, de fato, o escutar hospitaleiro de Hermann Broch, que livra o outro para si mesmo: "Nisso ela via os outros com seus grandes e escuros olhos, e quem era atingido por eles se sentia como se surgissem nele pensamentos que ele não fazia ideia de que se escondiam nele. Ele podia escutar de tal modo, que pessoas desorientadas ou indecisas vinham a saber de uma vez só exatamente o que elas queriam. Ou de modo que pessoas tímidas se tinham subitamente livres e corajosas. Ou de modo que pessoas infelizes e deprimidas se sentiam confiantes e felizes. Se alguém pensava que a sua vida era um fracasso e sem sentido e que ele era apenas um entre milhões, alguém que não teria nada de especial e que poderia ser substituído tão rapidamente quanto uma panela quebrada – e ele ia e contava tudo para a pequena Momo, então se tornava, de um modo inteiramente misterioso, claro para ele, enquanto ele ainda falava, que ele estava tremendamente enganado, que ele, exatamente como ele era, só houve uma vez entre todas as pessoas, e que, por isso, ele era importante para o mundo da sua própria maneira especial. Era assim que a Momo conseguia escutar!" O escutar devolve a cada um o *Seu* [*Seine*]. Apenas pelo mero escutar, Momo também arbitra o conflito. O escutar reconcilia, cura e redime: "Uma outra vez, um pequeno garoto trouxe para ela um canário que não queria cantar. Essa foi uma missão muito mais difícil para Momo. Ela precisou escutá-lo por uma semana inteira, até que, por fim, ele começou a trinar e jubilar".

A barulhenta sociedade do cansaço é surda. A sociedade do porvir poderia, em contrapartida, ser uma *sociedade dos escutadores* [*Zuhörenden*] *e escutantes* [*Lauschenden*]. É necessária, hoje, uma *revolução temporal*, que permita que um tempo inteiramente diferente comece. A crise atual do tempo não é a aceleração, mas a totalização do *tempo do si*. O tempo do outro se furta à lógica do aumento do desempenho e da eficiência, que produz uma pressão por aceleração. A política temporal neoliberal desfaz o tempo do outro;

que seria, para ela, um tempo improdutivo. A totalização do tempo do si caminha conjuntamente com a totalização da produção, que hoje abrange todas as esferas da vida e ela à exploração total do ser humano. A política temporal neoliberal também desfaz o tempo da festa, o *tempo do apogeu* [*Hoch-Zeit*], que se furta à lógica da produção. Nele vigora, a saber, a *des-produção*. Em oposição ao tempo do si, que nos isola e separa, o tempo do outro promove uma *comunidade*. Ele é, por isso, um *bom tempo*.

Para ver os livros de
BYUNG-CHUL HAN

publicados pela Vozes, acesse:

livrariavozes.com.br/autores/byung-chul-han

ou use o QR CODE